LE TRIO
CORTOT-THIBAUD-CASALS

DE RÉMI JACOBS

MENDELSSOHN, Seuil, 1977.
LA SYMPHONIE, PUF, 1983.
HEITOR VILLA-LOBOS, Bleu nuit, 2010.
BRASSENS : LES TROMPETTES DE LA RENOMMÉES, avec la collaboration de Jacques Lanfranchi, Archipel, 2011.

ISBN 978-2-330-03404-7

FRANÇOIS ANSELMINI
RÉMI JACOBS

Le Trio Cortot-Thibaud-Casals

Préface du Trio Wanderer

ACTES SUD

PRÉFACE

On entend souvent dire de façon péremptoire que le trio avec piano, ce sont trois solistes. Les ensembles constitués se défendent et mettent en avant le danger de trois ego trop affirmés pour l'homogénéité et la cohésion de la musique. La vérité est sans doute entre les deux : telle une trinité profane, le trio réunit trois personnalités distinctes dans un tout indissociable, à la recherche d'un équilibre parfait. Comment imaginer trois hommes aussi différents qu'Alfred Cortot, Jacques Thibaud et Pablo Casals ? Pourtant, seuls les choix politiques regrettables de Cortot pendant la guerre ont eu raison pour un temps d'une harmonie et d'une entente artistique exemplaires. La magie du trio est là : laisser son ego de côté pour servir l'œuvre.

Pourquoi Cortot, Thibaud et Casals restent-ils si chers à notre cœur, où ils tiennent toujours une place à part parmi les grandes formations du siècle ? Ils n'ont pas abordé toute la littérature, mais ils en ont parcouru l'essentiel, remettant au goût du jour un répertoire alors souvent négligé. Moins riche mais moins austère quelquefois que celui du quatuor à cordes, celui-ci a bénéficié de l'essor du piano au XIXe siècle. Les compositeurs, le plus souvent pianistes, n'ont pas manqué de le présenter en concert. Ainsi, par exemple, le *Trio* opus 97 dit *"L'Archiduc"* fut un des chevaux de bataille de Beethoven sur scène. Cela explique peut-être cette succession de chefs-d'œuvre, les trios de Mendelssohn, de Schubert, de Schumann, de Brahms et même de Saint-Saëns, où la profondeur et l'intimité de la musique de chambre côtoient la virtuosité et le brillant des solistes.

Bien sûr, c'est aussi grâce au disque que ces trois musiciens sont restés vivants dans notre mémoire. Dans les premières années du Trio Wanderer, nous avions une écoute un peu dubitative de ces enregistrements, à cause de la qualité de la prise de son, mais aussi des défauts d'ensemble, des quelques fausses notes ou des glissades surannées. Le temps passant, un peu plus d'expérience, et c'est un tout autre sentiment qui nous anime. A-t-on jamais mieux compris la passion sombre du *Trio* en *ré* mineur de Schumann ? Casals louait la justesse des tempi de Cortot, et c'est un bonheur d'entendre le mouvement lent de *"L'Archiduc"* joué *andante* comme il se doit, et non *adagio*. Jamais de séduction gratuite, la ligne générale est toujours privilégiée, comme dans leur lecture de l'*Allegro moderato* initial de ce même trio. Chez Haydn, nous nous sommes directement inspirés de leur interprétation si juste et pleine de fantaisie du célèbre *Rondo all'ongarese.* Le style, n'est-ce pas avant tout l'esprit ? Et nous encourageons nos étudiants qui s'attellent au *Trio* opus 99 de Schubert à écouter les premières mesures du second mouvement, où Casals déclame avec un legato unique les quatre blanches délicatement accentuées du thème.

Pionniers, ils ont probablement ouvert la voie à de nombreux autres ensembles, ensembles de solistes,

Rubinstein-Heifetz-Piatigorsky, Istomin-Stern-Rose, ou constitués : le Trio di Trieste, le Beaux-Arts Trio... Et le nombre de formations actuelles témoigne de l'engouement que le trio avec piano rencontre chez les jeunes musiciens. Ils ont redonné à ce répertoire toutes ses lettres de noblesse. Mais ils devenaient dans les esprits des icônes un peu lointaines, un mythe qui peu à peu s'effaçait. Ce livre, plus qu'une simple biographie, éclaire parfaitement ce qui constitue une des plus belles aventures musicales du XXe siècle. Il redonne vie à ce qui fut une formidable expérience humaine. Nous redécouvrons ainsi ces trois interprètes de génie qui inspireront, comme ils l'ont fait pour nous, les jeunes artistes qui voudront se lancer sur leurs traces.

VINCENT COQ,
JEAN-MARC PHILLIPS-VARJABÉDIAN,
RAPHAËL PIDOUX,
membres du Trio Wanderer

INTRODUCTION

Ensemble de musique de chambre légendaire s'il en est, le Trio Cortot-Thibaud-Casals n'a pourtant fait jusqu'à présent l'objet que d'un nombre réduit de travaux. Certes, son souvenir reste présent dans la mémoire des mélomanes, en particulier grâce aux nombreuses rééditions qu'ont connues ses disques. En revanche, la trajectoire de cette association sans véritable équivalent dans l'histoire de l'interprétation musicale n'a guère attiré l'attention des historiens et des musicologues. Il ne s'agit pas là d'un cas isolé : pendant longtemps, les premiers ne se sont que rarement intéressés à l'univers de la musique en général, tandis que les seconds consacraient surtout leurs analyses aux œuvres et à leurs auteurs, c'est-à-dire au processus de composition musicale, et méconnaissaient par là trop souvent le rôle crucial joué par les interprètes.

Fort heureusement, cet état de fait est en train de changer : depuis quelques années, en France et ailleurs, de plus en plus d'auteurs se consacrent dorénavant à l'histoire de la vie musicale (et non plus seulement à l'histoire de la musique). De nombreux travaux s'attachent ainsi à replacer l'objet esthétique sonore dans son contexte culturel, social, politique et économique, et à montrer que les compositeurs entretiennent dans leur travail des relations déterminantes avec de multiples acteurs (interprètes, critiques, mécènes, éditeurs, imprésarios, institutions musicales diverses, etc.). C'est dans cette perspective à la fois plus large et mieux ancrée dans la complexité du réel, au carrefour de la musicologie et de l'histoire culturelle, que cet ouvrage a l'ambition de s'inscrire.

Ses auteurs sont toutefois loin d'être les premiers à se pencher sur les destinées du plus célèbre trio musical du XXe siècle, et ils doivent notamment exprimer toute leur dette envers deux de leurs devanciers. En premier lieu, nous tenons à saluer le travail pionnier de Jean-Luc Tingaud (*Cortot-Thibaud-Casals. Un trio, trois solistes*, publié en 2000 aux Éditions Josette Lyon[1]), qui fut – du moins à notre connaissance – le premier (et jusqu'à présent unique) ouvrage en langue française entièrement consacré au sujet. Écrit d'une plume alerte et bien informée, il offre une première synthèse très utile. L'autre référence essentielle est en langue anglaise et s'inscrit dans une démarche plus érudite : en Grande-Bretagne, pays où la mélomanie se conjugue avec un vif souci de la conservation du patrimoine sonore, l'éminent musicographe qu'est Tully Potter a consacré une très remarquable étude au Trio dans les colonnes du *Classical Recordings Quarterly* en 2012.

Pour le reste, d'autres ouvrages ont pu évoquer les concerts et les disques de Cortot, Thibaud et Casals

1. On se reportera à notre bibliographie (p. 203-207) pour trouver les références précises des ouvrages mentionnés dans cette introduction.

de façon plus pointilliste. Certains de leurs auditeurs – proches de l'un ou l'autre artiste, critiques musicaux ou simples mélomanes – ont parfois laissé des témoignages sur tel ou tel aspect de leurs activités, ou sur les impressions provoquées en eux par leurs performances.

De même, la carrière individuelle de chacun des membres du Trio s'est vu consacrer un certain nombre d'études biographiques. Déjà relativement anciennes, celles-ci dédient en général quelques pages à l'expérience chambriste hors du commun à laquelle leur protagoniste a été associé. Des trois artistes, Pablo Casals est celui qui a suscité l'intérêt du plus grand nombre d'auteurs, en raison tant de son envergure artistique (qui fait de lui le "père fondateur" du violoncelle moderne) que de sa stature morale et politique (due en particulier à son combat contre le franquisme et en faveur de la paix mondiale). Ces différentes biographies de Casals se fondent pour une large part (plus ou moins importante selon les cas) sur les propres souvenirs du musicien, tels qu'ils ont été recueillis et publiés par José Maria Corredor (en 1955) et par Albert E. Kahn (en 1970). Parmi elles, la plus récente, qu'a fait paraître Robert Baldock en 1992, est aussi celle qui s'apparente le plus à une biographie "scientifique". De format plus modeste, mais richement illustré, le livre de Jean-Jacques Bedu (publié en 2012 dans la collection "Découvertes" des Éditions Gallimard) est venu apporter une mise au point récente aux lecteurs francophones. Pour sa part, Alfred Cortot n'a fait l'objet que d'une seule véritable biographie, publiée en 1977 par Bernard Gavoty, et puisant elle aussi l'essentiel de ses informations auprès de l'artiste lui-même, notamment par le biais d'entretiens réalisés en 1953 sur les ondes de la Radio suisse romande. Enfin, en raison de sa disparition tragique et prématurée (en 1953 dans un accident d'avion), Jacques Thibaud n'a pas eu le temps de confier ses souvenirs dans les mêmes proportions que ses deux partenaires. Néanmoins, sa carrière a fait l'objet d'une évocation vivante et assez précise sous la plume de Christian Goubault en 1988. Comme les ouvrages précédents, celui-ci permet à son lecteur de glaner quelques éléments sur le Trio.

La collecte et le recoupement des informations fournies par ces différentes références ont été le point de départ de notre entreprise visant à retracer la riche expérience artistique et humaine que constitue l'association Cortot-Thibaud-Casals. Par la suite, nous avons pu enrichir nos données grâce à la consultation de nombreuses sources inédites (dont on trouvera la liste en fin de volume), fournies par les collections de différents bibliothèques et centres documentaires (notamment la Médiathèque musicale Mahler, la Bibliothèque nationale de France ou la Bibliothèque de l'Institut à Paris), autant que par les archives de certaines institutions musicales ayant accueilli les prestations du Trio (Société du Muséum de Francfort, Palais des Beaux-Arts à Bruxelles, etc.). La consultation des archives de la presse de l'époque (périodiques musicaux ou rubrique musicale des principaux quotidiens) a constitué une autre ressource importante. Les miracles de la numérisation et de la mise en ligne de nombreuses collections nous ont permis d'avoir un large accès aux programmes et comptes rendus publiés par la presse écrite française et étrangère (Grande-Bretagne, Suisse, Belgique, Espagne), à une époque où celle-ci était à son apogée. Ainsi, il nous a été possible de reconstituer pas à pas le déroulement de la plupart des concerts et tournées du Trio, tout en étudiant la réception de son art par les critiques contemporains.

En même temps que nous cherchions à retracer aussi précisément que possible la carrière du Trio, d'autres ouvrages à caractère musicologique ou historique nous ont permis de mesurer l'ancrage de celle-ci dans les réalités de son temps. Par exemple, il est apparu que la constitution du Trio Cortot-Thibaud-Casals et le succès qu'il remporte aussitôt s'expliquent pour partie – et indépendamment de son talent et de sa cohésion – par un intérêt nouveau du public pour la musique de chambre, observable dans la France et l'Europe mélomanes de la Belle Époque. Il a de même tiré profit de l'internationalisation croissante de la vie musicale et, dans les années 1920, de l'essor spectaculaire de l'industrie du disque. Fortement marquée par certaines évolutions culturelles, sociales et économiques du premier XXe siècle, l'aventure du Trio n'est enfin pas sans liens avec la grande Histoire, puisque les deux guerres mondiales, la guerre civile espagnole, les puissants antagonismes politiques des années 1930 et 1940, sont autant d'événements qui pèsent sur sa destinée.

Consacré à un trio, ce livre a été écrit par un duo. Des premiers coups de sonde lancés dans la masse des archives aux derniers ajustements à apporter au texte, nous avons travaillé dans un esprit de collaboration amicale et avec un permanent souci de complémentarité. À l'heure de la rédaction, chacun a choisi les chapitres correspondant *a priori* le mieux à ses compétences. François Anselmini est l'auteur principal des chapitres retraçant, dans une perspective surtout factuelle et historique, la trame chronologique de la carrière commune d'Alfred Cortot, Jacques Thibaud et Pablo Casals (chapitres I, II, V, VI et IX). Rémi Jacobs a écrit l'essentiel des chapitres III, IV, VII et VIII, qui, avec une approche plus synthétique et critique, permettent de mesurer l'importance de la place qu'a occupée le Trio en son époque, et qu'il occupe encore aujourd'hui.

I

LE TRIO AVANT LE TRIO. TROIS JEUNES VEDETTES EN QUÊTE DE PARTENAIRES

Les membres du Trio appartiennent à la même génération de musiciens, puisque le violoncelliste (né en 1876) est d'un an l'aîné du pianiste et de quatre ans celui du violoniste. En revanche, ils proviennent d'horizons géographiques, sociaux et culturels très divers, et rien ne semblait présager que leur association serait aussi durable et fructueuse. Cependant, à examiner de près les années de formation de chacun, on peut y déceler des traits partagés et les signes annonciateurs de leur remarquable complémentarité.

Il est d'usage, lorsqu'on présente les membres d'un trio, de débuter par le pianiste. De mère suisse et de père bourguignon, Alfred Cortot naît en 1877 à Nyon, dans un milieu qui ne paraît guère le prédisposer à embrasser la carrière d'artiste : du côté paternel comme du côté maternel, sa famille est issue du monde paysan et largement dépourvue de culture musicale[1].

1. La famille Cortot donne naissance à un autre musicien célèbre, le compositeur Edgar Varèse (1883-1965), dont le grand-père maternel était l'oncle d'Alfred. Néanmoins, les deux hommes n'ont entretenu que des rapports lointains et, semble-t-il, peu amicaux.

Toutefois, ce garçon tard venu[1] est d'emblée au cœur d'un curieux projet familial. Ayant "le respect inné de toutes les activités intellectuelles" (notamment la musique) et estimant que "le choix d'une carrière dépendait uniquement de l'ardeur et de la patience", ses parents décident à sa naissance ou presque qu'il sera un grand pianiste. Pour cela, ils font apprendre la musique à leurs deux filles aînées, afin qu'elles donnent à leur frère ses premières leçons. Plus tard, la famille s'installe à Genève (en 1882), puis à Paris (en 1886) pour qu'Alfred puisse entamer des études musicales plus poussées. Le démarrage de sa carrière n'aurait donc reposé "ni sur la préférence, ni sur l'aptitude" mais sur la résolution de ses parents et sur le talent pédagogique de ses sœurs qui, "incomparables initiatrices" (toutes deux seront plus tard des professeurs réputées), savent éveiller son imagination musicale et le font travailler sans relâche pour dompter une "mauvaise main[2]". Cortot fera souvent ce récit des origines de sa vocation, récit sans doute destiné à édifier les jeunes musiciens et à souligner l'importance du travail pour un artiste. Néanmoins, l'histoire aux allures de légende pieuse est corroborée par des documents privés qui décrivent le climat familial de la même manière que ses déclarations publiques : par exemple, au lendemain des débuts d'Alfred à Berlin (en 1898), toute la famille lui écrit sa fierté d'"avoir un fils comme tel[3]" ; de même, Cortot évoque dans une lettre à sa sœur (en 1933) "nos parents, qui

1. Ses parents ont tous deux quarante-trois ans à sa naissance ; son frère et ses sœurs ont respectivement dix-huit, treize et onze ans de plus que lui.

2. Pour cette citation et les précédentes, voir ERL, I.

3. MMM-AC, lettre de Denis Cortot à Alfred Cortot, 17 janvier 1898.

s'étaient si naturellement sacrifiés pour nous et pour moi encore plus[1]".

Les documents sur son parcours au Conservatoire de Paris confirment aussi dans une certaine mesure cet autoportrait en élève peu doué, mais parvenu au sommet à force de labeur et de volonté. Les jugements de ses professeurs soulignent constamment son caractère studieux, comme le font les témoignages de ses anciens condisciples : Jean Gallon évoque "sa volonté tendue comme un arc et son application fanatique", et, selon Joseph Morpain, il se distinguait uniquement "par l'intelligence et la conscience dont témoignait son travail de classe[2]" ; André Benoist noircit le trait en affirmant qu'il "aurait utilisé tous les moyens pour arriver à ses fins[3]". Dix ans lui sont nécessaires pour achever ses études, six dans la classe préparatoire de piano d'Émile Decombes (ou Descombes) et quatre dans la classe supérieure de Louis Diémer. Il n'obtient donc son Premier Prix qu'en 1 896 (il a déjà dix-neuf ans), mais de manière éclatante puisque, contre les usages, il est l'unique lauréat de l'année. Il doit à ses maîtres du Conservatoire l'acquisition d'une technique solide, ainsi que des rencontres déterminantes : il écoute, émerveillé, les

1. AAC, lettre d'Alfred Cortot à Léa Cortot, 27 septembre 1933.
2. BIF-BG, témoignages recueillis par Bernard Gavoty (vers 1955). Jean Gallon (1878-1959) sera professeur d'harmonie au Conservatoire de 1919 à 1949 ; Joseph Morpain (1873-1961), professeur de piano au Conservatoire et à l'École normale, qu'il préside de 1944 à 1947.
3. *The Accompanist. An Autobiography of André Benoist*, Neptune City, Paganinia Publications, 1978, p. 26. André Benoist est surtout connu comme accompagnateur du violoniste américain Albert Spalding.

récits de Decombes à propos de Chopin, dont il a jadis été l'élève ; de même, Diémer le présente à quelques grands virtuoses de ses amis, notamment au célèbre pianiste compositeur russe Anton Rubinstein ; ce dernier lui donne un conseil que Cortot citera souvent par la suite : "Mon petit, Beethoven, ça ne se joue pas, ça se réinvente[1] !" Cependant, c'est d'un camarade plus avancé que lui dans le *cursus honorum*, Édouard Risler[2], qu'il reçoit la vraie révélation de la musique, de son pouvoir d'évocation et d'émotion. Bien plus tard, Cortot relatera avec reconnaissance des leçons qui ont profondément marqué son jeu, son répertoire et son esthétique : "Je sentais tout à coup la musique entrer en moi, non pas avec ses notes, mais avec son sortilège, sa faculté d'irradier, de transmettre l'incommunicable. [Risler] ouvrait à mon esprit l'horizon d'une musique [...] traduite par le moyen d'une coloration orchestrale dont je n'avais jusqu'alors soupçonné ni l'existence, ni les ressources[3]." C'est donc "fanatisé par un aîné glorieux[4]" qu'il achève sa formation et révèle sa personnalité d'interprète.

Déjà célèbre, le mentor parraine aussi (lors de concerts à deux pianos) les débuts de son élève à Paris et à Berlin, avant que ce dernier ne vole de ses propres ailes, avec une première prestation aux

1. Anecdote racontée par Cortot à de nombreuses reprises notamment dans ERL, I.
2. Édouard Risler (1873-1929) est l'élève de Diémer, puis d'Eugen d'Albert à Weimar. Il se fait connaître à Paris en donnant l'intégrale des sonates de Beethoven, des œuvres de Chopin ou du *Clavier bien tempéré* dans les années 1890.
3. ERL, I.
4. *Ibid.*

Concerts-Colonne le 21 novembre 1897, puis une tournée en province. Néanmoins, Cortot aspire à une autre carrière, celle de chef wagnérien. Risler joue une nouvelle fois un rôle déterminant : fervent adepte du culte de Wagner (alors à son apogée), il est un habitué du Festival de Bayreuth, où il occupe chaque été un emploi de pianiste-répétiteur. En 1896, il invite son ami à partager ses fonctions : hantant les coulisses du théâtre, Alfred s'enivre des sonorités de l'orchestre et s'enthousiasme au spectacle de la *Tétralogie*. Il retourne à Bayreuth les étés suivants, mais sa flamme brûle aussi lorsqu'il est à Paris : fin 1899, il est répétiteur auprès de Charles Lamoureux lors de représentations de *Tristan* et, surtout, il se lance en 1901 dans ce qu'il considère comme une mission sacrée, la création française du *Crépuscule des dieux*. Il donne alors toute la mesure de son esprit d'entreprise, en parvenant en mai 1902 à monter d'ambitieuses représentations, qu'il met en scène et dirige lui-même. Il récidive l'année suivante avec *Parsifal*, puis élargit encore ses horizons en fondant une association symphonique, les Concerts-Cortot, à la tête desquels il se fait le champion de Bach, Beethoven ou Brahms, mais aussi de compositeurs français de l'époque, tel Albert Roussel.

Toutefois, cette activité n'est pas une pleine réussite : la critique est unanime pour saluer son audace, mais plus mitigée quant à la qualité des interprétations. Surtout, ses projets sont désastreux sur le plan financier, et Cortot racontera que ce sont de lourdes dettes qui l'ont conduit à une "reprise quasi exclusive de [sa] carrière pianistique[1]" à partir de 1905.

1. ERL, IV.

On peut néanmoins nuancer à double titre ce propos : d'une part, il ne renonce pas brusquement à la baguette, puisqu'il dirige l'Association des concerts symphoniques de Lille jusqu'en 1910. D'autre part, la réorientation de ses activités est sans doute influencée par les pressions de la critique et du public, qui semblent surtout apprécier son jeu de pianiste, orchestral et puissamment expressif. Lors d'un concert lillois par exemple, le 23 mai 1909, *L'Écho du Nord* relate qu'après une interprétation "dramatique" de la *Fantaisie hongroise* de Liszt au clavier, "on applaudissait encore quand il a repris sa baguette pour diriger[1]". C'est donc un musicien rendu célèbre par ses entreprises wagnériennes, toujours actif comme chef mais surtout apprécié comme soliste, qui, en 1906, s'apprête à devenir le pianiste du Trio.

Notre violoniste est sans doute celui des membres du Trio dont les années d'apprentissage sont les moins atypiques. Né en 1880 à Bordeaux, Jacques Thibaud appartient en effet à une famille où la musique est omniprésente. Son père, Georges, est premier violon à l'Orchestre du Grand Théâtre de Bordeaux, puis se consacre à l'enseignement : il est un professeur réputé dans la ville, et aussi l'ami, nous le verrons, de musiciens de premier plan comme Eugène Ysaÿe ou Édouard Colonne. Jacques est, comme Cortot, le dernier-né de la famille, mais tous ses frères deviendront musiciens professionnels : deux sont pianistes, l'un violoniste et le dernier

1. Cité par Guy Gosselin, *La Symphonie dans la cité. Lille au XIXe siècle*, Paris, Vrin, coll. "Musicologies", 2011, p. 308.

violoncelliste[1] ; deux fois par semaine, Georges Thibaud et ses fils jouent des trios et des quatuors dans leur salon, en présence de quelques amis.

Jacques prend donc ses premières leçons avec son père, qui croit déceler en lui "d'étonnantes dispositions" pour le piano, et entend le faire marcher "sur les brisées de Liszt et de Thalberg[2]" : c'est donc au clavier que l'enfant donne un premier récital, à l'âge de cinq ans. Il fait néanmoins montre d'une attirance instinctive pour le violon et, à en croire les souvenirs recueillis par le journaliste Jean-Pierre Dorian[3], il aurait appris seul à jouer la *Romance* en *fa* de Beethoven, après avoir emprunté l'instrument de son frère. Ces dispositions sont encore renforcées par deux "chocs" éprouvés presque simultanément en 1888, le décès tragique de son frère violoniste (Hippolyte), d'une part, et, d'autre part, la découverte du *Concerto* de Beethoven, donné à Bordeaux par un célèbre représentant de l'école belge de violon, César Thomson. Devant l'évidence, son père accepte qu'il change d'instrument, et Jacques confirme rapidement les promesses de son talent. À huit ans, il exécute pour le public bordelais un quatuor de Mozart aux côtés de ses frères. Alors qu'il a onze ans, le 28 février 1892, un critique musical

1. Si Hippolyte (né en 1869) meurt prématurément, Alphonse (né en 1870) fait carrière en Argentine, tandis que Joseph (né en 1875) et Francis (né en 1877) dirigeront respectivement les conservatoires de Bordeaux et d'Oran.

2. Jean-Pierre Dorian, *Un violon parle. Souvenirs de Jacques Thibaud*, Paris, Del Duca, 1953, p. 27-28.

3. *Ibid.*, p. 53-54. L'ouvrage constitue une source assez peu fiable, Thibaud s'étant montré déçu par la forme définitive donnée au livre.

ami de son père organise pour lui un concert avec orchestre à Angers : la presse locale se montre élogieuse et lui prédit un avenir brillant. La même année, il est incorporé parmi les premiers violons des deux associations symphoniques bordelaises, la Sainte-Cécile et la Philharmonique. Peu après, la seconde accueille pour un concert Eugène Ysaÿe, et Georges Thibaud profite de l'occasion pour faire entendre son fils au grand violoniste belge[1]. La rencontre est déterminante : Jacques verra toujours en Ysaÿe "le visage incarné de [ses] propres aspirations" et un "merveilleux et vivant catalyseur[2]", qui lui apporte conseils et inspiration, et qui poussera plus tard la bienveillance jusqu'à lui prêter un de ses précieux instruments (un Bergonzi).

Le jeune violoniste rêve d'aller étudier à Bruxelles auprès de ce mentor charismatique, mais son père choisit de le faire entrer au Conservatoire de Paris, dans la classe de Martin Marsick (en novembre 1893)[3]. Jacques noue une relation filiale avec ce maître d'autant plus exigeant avec lui qu'il lui reconnaît des dons exceptionnels. En vertu de ces facilités, son parcours au Conservatoire est rapide : mortifié par ses échecs aux concours de 1894 et 1895 (qu'il attribue au trac), il considère que son Premier Prix, obtenu en 1896 (au bout de trois ans seulement), fut "long à venir" ; n'étant classé qu'à la

1. Eugène Ysaÿe (1858-1931) est une grande figure de la vie musicale de son temps, violoniste, chef d'orchestre et compositeur (entre autres d'une sonate pour violon dédiée à Thibaud).
2. Jean-Pierre Dorian, *op. cit.*, p. 97.
3. Martin-Pierre Marsick (1847-1924) est un autre représentant de l'école franco-belge, excellant surtout dans la musique de chambre (il est le dédicataire de la *Sonate n° 1* de Saint-Saëns).

quatrième place, il lui trouve de même "un goût de laurier amer[1]". Malgré tout, il voit son talent consacré par l'institution, et à seize ans la carrière s'ouvre à lui.

En réalité, celle-ci a déjà débuté. Installé à Paris dans une sorte de colocation étudiante avant l'heure avec ses frères Joseph (pianiste) et Francis (violoncelliste), ainsi que d'autres jeunes musiciens, il mène une vie de bohème dont les concerts improvisés entre amis ne sont pas le moindre plaisir, mais où l'argent fait souvent défaut. Avec les encouragements de Marsick, il entreprend donc de suivre ce qu'il appelle "la filière", menant du poste "d'obscur dernier violon dans un orchestre de café[2]" à l'éclat de la carrière soliste. Jacques devient d'abord second violon au Théâtre des Variétés (en décembre 1893) et admire depuis la fosse les vedettes du boulevard et de l'opérette. L'année suivante, il entre comme violon solo dans l'Orchestre des Concerts-Rouge : le progrès est décisif, car sa nouvelle formation, fondée en 1888 et alors dirigée par le violoncelliste Francis Touche, est réputée pour sa virtuosité, et ses concerts sont fréquentés par d'authentiques mélomanes. Thibaud y fait ses classes pendant trois ans et brille en jouant le *Rondo capriccioso* opus 28 de Saint-Saëns. Un soir de 1897 qu'il enfourche ce cheval de bataille, le chef Édouard Colonne vient entendre ce jeune virtuose dont il a bien connu le père (Colonne est lui aussi bordelais et violoniste) et propose aussitôt un poste à Jacques ; celui-ci atteint donc la dernière étape de

1. Jean-Pierre Dorian, *op. cit.*, p. 152.
2. *Ibid.*, p. 140.

la “filière” en intégrant l’un des meilleurs orchestres français.

Après Ysaÿe, Thibaud rencontre sa seconde figure tutélaire : il dira plus tard “être né dans la baguette d’Édouard Colonne[1]”. D’abord, l’expérience de musicien d’orchestre finit de lui apprendre le métier de violoniste. Surtout, Colonne lui dispense de précieux conseils (notamment de se méfier des excès de la virtuosité) et l’introduit dans son salon, que fréquentent Saint-Saëns, Chausson ou le jeune Debussy. Enfin, il le pousse vers le poste de deuxième violon soliste de son orchestre. Thibaud racontera ensuite souvent que sa carrière a vraiment débuté le 20 novembre 1898, jour où l’Orchestre Colonne a prévu d’interpréter *Le Déluge*, oratorio de Saint-Saëns célèbre pour un *Prélude* offrant un redoutable *fugato* au violon solo. Propulsé sur scène en l’absence des autres solistes plus chevronnés (Guillaume Rémy et Jules Boucherit, tous deux malades), le jeune homme de dix-huit ans serait devenu célèbre du jour au lendemain en enlevant le morceau de bravoure. Si sa prestation frappe effectivement les esprits, la lecture de la presse de l’époque conduit toutefois à nuancer cette légende de l’Aymerillot violoniste : à cette date, Thibaud s’est en réalité déjà souvent produit en soliste à Paris (soit avec l’Orchestre Colonne, soit avec son frère Joseph), et même à l’étranger, notamment à Vienne.

Quoi qu’il en soit, Thibaud accède ensuite rapidement à une notoriété nationale et internationale : il délaisse les rangs de l’Orchestre Colonne pour mener sur un rythme trépidant des tournées

1. *Ibid.*, p. 216.

à travers l'Europe (jusqu'en Russie en 1902), puis aux États-Unis (1903), tandis que la critique française ne cesse de louer sa virtuosité et son élégance.

L'apprentissage de Pablo[1] Casals peut être comparé à celui de Cortot, car l'un et l'autre sont nés hors du milieu musical français et atteignent le succès par des voies originales. Toutefois, notre violoncelliste se rapproche de Thibaud par une précocité cultivée avec soin par sa famille. Il naît en 1876 à El Vendrell, petite ville située au sud-ouest de Barcelone, et vit "dès [sa] plus tendre enfance entouré de musique", grâce à un père organiste et professeur de piano. Dès l'âge de deux ans, l'enfant colle sa tête contre l'instrument "pour en absorber complètement le son[2]" et cherche à identifier les notes jouées par son père. Il joue lui-même du piano à quatre ans, chante à la messe à cinq ans, écrit ses premières compositions à six ans, commence le violon à sept ans et l'orgue à neuf ans. Deux ans plus tard (en 1888), il découvre avec émerveillement son instrument de prédilection lors d'un concert donné par un trio dont le violoncelliste est Josep Garcia, professeur au conservatoire municipal de Barcelone ; dès lors, il n'aspire qu'à étudier le violoncelle, au son "si beau, si tendre et si humain[3]".

Si son père éveille sa sensibilité, c'est surtout sa mère qui croit en ses dons. Convaincue qu'il est

1. Casals porte le prénom catalan Pau à sa naissance, mais utilise sa forme castillane (Pablo) dans les premières années de sa carrière, avant de se faire de nouveau appeler Pau à partir de 1920.
2. Pablo Casals, *Ma vie racontée à Albert E. Kahn*, Paris, Stock, 1970, p. 21.
3. *Ibid.*, p. 27.

destiné à devenir un grand artiste, elle décide d'envoyer Pau étudier à Barcelone auprès de Josep Garcia. Elle transmet par ailleurs à son fils un fort tempérament : très tôt et à son exemple, il est un écorché vif, passionné et absolu, ne supportant aucune forme d'injustice. À l'adolescence, il traverse ainsi une crise de désespoir face à "la pauvreté, la détresse, la cruauté de l'homme envers l'homme[1]" qu'il observe à Barcelone, où il s'installe fin 1888. Dès cette époque, cette sensibilité extrême se conjugue avec une volonté et une force de conviction qui ignorent le doute et peuvent aller jusqu'à l'entêtement : peu après son entrée au conservatoire, il met au point une modification de la technique du violoncelle, en donnant plus de souplesse au coude droit et à la main gauche, et parvient à rallier son professeur à ces réformes. Dans le même temps, il donne ses premiers concerts, qui ont pour cadre un café de la ville, le Café Tost, où il joue chaque soir en trio. Le répertoire se cantonne habituellement dans la musique légère, mais Pau persuade ses partenaires, son patron et le public de dédier une séance par semaine à des musiques plus "nobles" : Beethoven, Brahms ou Bach, qui devient alors son compositeur préféré. C'est en effet en 1890 qu'il déniche dans un magasin la partition des six *Suites pour violoncelle*, qu'il contribuera à faire connaître dans le monde entier. La même année, Isaac Albéniz, qui l'a entendu au Café Tost, lui propose de venir étudier avec lui à Londres. Mme Casals s'y refuse, et le compositeur se contente de recommander le jeune musicien au comte Morphy, un aristocrate mélomane proche de la famille royale

1. *Ibid.*, p. 38-39.

espagnole[1]. Après beaucoup d'hésitations, Casals s'installe à Madrid avec sa mère et ses jeunes frères en 1893, afin de terminer son éducation auprès de ce singulier personnage.

Affirmant qu'un artiste doit posséder une culture aussi large que possible, Morphy lui fait étudier la musique tout autant que la philosophie, les sciences ou l'histoire, l'emmène au musée du Prado ou suivre les débats parlementaires des Cortès. Grâce à son appui, la protection de la famille royale s'étend sur Pau : celui-ci perçoit une pension, se produit souvent au palais et devient le familier de la régente Marie-Christine et du jeune Alphonse XIII. Par ailleurs, il étudie au Conservatoire royal la musique de chambre (avec Jesús de Monasterio) et la composition (avec Tomás Bretón).

Deux ans plus tard, des tensions entre son protecteur et Mme Casals font que le jeune homme quitte Madrid pour Bruxelles, où il est prévu qu'il achève ses études. Un incident révélateur du caractère entier de Pau vient bouleverser ce plan : accueilli de manière railleuse par son futur professeur de violoncelle, il décide aussitôt de quitter la capitale belge pour tenter sa chance à Paris, en dépit des excuses qui lui sont faites et de la colère de Morphy, qui fait supprimer la pension royale. Installé de façon précaire dans une ville inconnue, il entreprend lui aussi de parcourir la "filière" en s'engageant dans l'orchestre d'un music-hall, les Folies-Marigny. Néanmoins, une sévère dysenterie et des difficultés matérielles

1. Guillermo Morphy est précepteur du roi Alphonse XII, puis secrétaire personnel de la régente Marie-Christine, ainsi que l'auteur de travaux musicologiques sur les compositeurs espagnols.

croissantes le conduisent à rentrer à Barcelone au bout de quelques mois (début 1896).

Ce retour dans une ville où sa réputation est déjà établie entraîne une rapide amélioration de sa situation : Casals entame une carrière d'enseignant au conservatoire municipal (où il succède à Garcia), puis au Liceu, où il est aussi nommé premier violoncelliste de l'Orchestre du Grand Théâtre. Il joue pour la première fois avec orchestre à Madrid sous la direction de Tomás Bretón (*Concerto* de Lalo) et part en tournée avec des musiciens célèbres en Espagne : il intègre le quatuor du violoniste belge Mathieu Crickboom (avec Josep Rocabruna au second violon et Rafael Gálvez à l'alto), tandis qu'Enrique Granados devient son partenaire favori au piano (en sonate ou en trio avec Crickboom).

Casals retourne cependant dès que possible dans la capitale française. Réconcilié avec le comte Morphy, il rencontre par l'intermédiaire de ce dernier la cantatrice américaine Emma Nevada[1], qui lui propose au printemps 1899 de l'accompagner pour des concerts en Angleterre et à Paris. Casals accepte sans hésiter et est conforté dans ses espérances par le succès d'une tournée anglaise, au cours de laquelle il débute à Londres avec le *Concerto n° 1* de Saint-Saëns (20 mai) et joue pour la reine Victoria[2]. À Paris, il est, avec l'appui de Morphy et de Nevada, engagé comme soliste par les Concerts Lamoureux : après

1. Née en Californie en 1859, elle est l'interprète de choix de Gounod et des compositeurs italiens (son rôle fétiche est celui d'Amina dans *La Sonnambula*).

2. Avant cela, la première prestation parisienne de Casals a lieu dans le salon de Lady Campbell Clarke, où il accompagne Emma Nevada le 8 mai (*Le Figaro*, 9 mai 1899).

ses interprétations des concertos de Lalo (12 et 19 novembre) et de Saint-Saëns (17 décembre), la critique reconnaît en lui un artiste “plein de fougue et d’énergie”, capable de “saisir l’âme d’une œuvre[1]”. Sa carrière est désormais lancée : il est un soliste recherché par les orchestres parisiens, le partenaire de pianistes célèbres comme Busoni ou Harold Bauer, et l’invité des salons les plus brillants. Dès 1901, il accomplit sa première tournée aux États-Unis (avec Emma Nevada et le pianiste Léon Moreau) et y retourne en 1904, notamment pour créer à New York le *Don Quichotte* de Richard Strauss sous la baguette du compositeur et jouer devant Theodore Roosevelt à la Maison-Blanche. Au cours de ces années, il découvre une vingtaine d’autres pays (dont la Russie et l’Amérique latine) et, au moment où s’apprête à débuter l’aventure du Trio, il donne deux cent cinquante concerts par saison ; “chacun s’accorde à dire que M. Casals est un des plus grands virtuoses de l’heure présente”, note alors *Le Figaro*[2].

Cortot, Thibaud et Casals suivent donc en leurs jeunes années des itinéraires convergeant vers le Paris de la Belle Époque, où ils feront bientôt connaissance, itinéraires dont les points de départ sont néanmoins éloignés et dont le rythme et les étapes sont propres à chacun. Par conséquent, il a souvent été dit, avec raison, que les futurs membres du Trio sont des personnalités artistiques très dissemblables.

1. *Le Ménestrel*, 24 décembre 1899. Casals est le dernier soliste accompagné par Charles Lamoureux, qui décède brutalement le 21 décembre.
2. 9 décembre 1903.

Formés par des maîtres issus de l'âge romantique, tous trois défendent cependant une idée globalement identique de l'interprétation musicale. Héritée du siècle précédent, celle-ci repose avant tout sur la subjectivité : la mission de l'interprète est d'animer la partition, de re-créer l'œuvre en cherchant certes à retrouver l'état d'esprit de l'auteur au moment de la composition, mais aussi en se fondant sur sa propre imagination et son propre sentiment. Dans cette entreprise, la recherche expressive l'emporte sur le respect de la lettre, et le *rubato* est le moyen privilégié d'insuffler vie et éloquence à la musique. Néanmoins, si nos trois musiciens partagent ces conceptions d'ensemble (ce sont celles de leur génération), les moyens employés et le répertoire mis en avant par chacun d'eux diffèrent considérablement. Ce constat est frappant si l'on compare les deux instrumentistes à cordes : Thibaud et Casals cultivent tous deux la beauté de leur sonorité, mais celle du premier provient d'une aisance et d'une séduction innées, tandis que celle du second est le fruit d'un travail mené avec la patience d'un artisan. Le violoniste ne dédaigne pas les charmes de la virtuosité, comme en témoigne un goût pour les pièces brillantes, sinon superficielles. Élégance, brio, clarté : ces qualités considérées à l'époque comme des vertus nationales font qu'il est très tôt considéré comme le violoniste français par excellence. L'acquisition en 1903 du Stradivarius ayant jadis appartenu à Pierre Baillot[1] achève de faire de lui l'emblème de la fameuse école franco-belge, dont Marsick et Ysaÿe

1. Pierre Baillot (1771-1842) est le plus grand violoniste français de son temps. Son Stradivarius est offert à Jacques Thibaud

ont cultivé en lui un style qu'il possédait de manière presque innée. Il est l'interprète élu de Chausson, Lalo et surtout Saint-Saëns, auquel il doit ses premiers succès, et bientôt il brillera avec Debussy et Fauré. Bien qu'il revendique toutefois lui-même cette francité, il serait abusif de l'y réduire. Thibaud est en effet loin de négliger le répertoire germanique, quoiqu'on lui reproche (parfois à tort) d'y manquer de rigueur et de profondeur. Avec ses frères, il pratique dans le salon familial les trios et quatuors de Haydn, Beethoven, Schubert et Mozart, ce dernier étant son compositeur préféré depuis toujours. Il est aussi l'un des premiers violonistes français à accorder une large place à Brahms dans ses programmes, peut-être sous l'influence de ses amis du Trio.

Les goûts et le style de Casals paraissent à l'opposé : loin de la *disinvoltura* enjôleuse de Thibaud, le violoncelliste frappe ses auditeurs par sa concentration et son sérieux. Bourreau de travail, il porte une grande attention à la maîtrise technique, perçue non comme une fin en soi, mais comme le moyen de se mettre "au service exclusif de la musique[1]". Pour lui, l'interprétation est toujours une œuvre d'éducation, car il s'agit de dévoiler les beautés austères des compositeurs qu'il vénère, Bach avant tout, mais aussi Beethoven et Brahms. À ce goût pour la musique germanique (vers 1900, il sacrifie lui aussi au wagnérisme) font écho de sérieuses réserves quant à la musique française. Dans les années 1950, il dira

par son épouse Marguerite Francfort à l'occasion de leur mariage en 1903.

1. José Maria Corredor, *Conversations avec Pablo Casals. Souvenirs et opinions d'un musicien*, Paris, Albin Michel, 1955, p. 227.

ainsi que Ravel et Debussy représentent à ses yeux "une déviation décadente des grands courants musicaux" et, s'il en salue le "charme poétique exquis [et] les procédés harmoniques", il ne voit là que de la "musique décorative[1]". Toutefois, il convient là aussi d'apporter quelques correctifs. D'une part, nous avons vu que Casals accède à la célébrité non pas d'abord en imposant les *Suites* de Bach ou les *Sonates* de Brahms, mais avec les concertos de Lalo et de Saint-Saëns. D'autre part, son attitude n'a rien de professoral : le plus important pour lui est de faire partager au public les émotions qu'éveille en lui la musique, et sa fougue le conduit parfois à mettre en péril sa justesse.

Cortot, enfin, peut sembler proche de Casals par ses goûts (le romantisme, la musique allemande), par la largeur "symphonique" de ses vues (tous deux se sentent à l'étroit dans leur costume de virtuose et sont attirés par la direction d'orchestre) et par son éthique d'interprète. En effet, son piano chante avec une éloquence et une variété de nuances d'apparence très libre, mais reposant en réalité sur une conception minutieusement élaborée des œuvres, et donc sur un travail inlassable. Ce "contrôle sous couvert d'improvisation[2]" n'a en revanche rien à voir avec le charme spontané qu'exerce son partenaire violoniste. Selon Casals, Thibaud, "dans beaucoup d'aspects, était l'opposé de Cortot [et] détestait le travail[3]" ; le pianiste lui-même partage cet avis : s'il admire son

1. *Ibid.*, p. 226.
2. La formule appartient à Alfred Brendel (*Musical Thoughts and Afterthoughts*, Princeton, Princeton University Press, 1976, p. 125).
3. Pablo Casals, *op. cit.*, p. 88.

ami dans Mozart, il le trouve en revanche "court d'idées dans Beethoven", faute selon lui d'un travail approfondi sur le compositeur. Plus généralement, il décrit Thibaud comme "léger, gai, amusant, volontiers superficiel" et donc "très différent" de lui[1]. Les deux musiciens partagent pourtant une vive sensibilité à la musique française, à laquelle Cortot est initié par les leçons de Diémer. Ses lectures plus tardives de Saint-Saëns ou de Debussy ont un élan et un raffinement auxquels peu d'interprètes parviennent, et dans les années 1900 il n'est pas seulement le champion de Wagner ou de Beethoven, mais aussi celui de Fauré, dont il crée plusieurs œuvres (notamment les septième et neuvième *Nocturnes*). Par sa double ascendance musicale, à la fois germanique et française, le pianiste a donc le profil idéal pour être le point d'équilibre et le médiateur entre ses futurs partenaires. En outre, Cortot possède le don rare d'être un authentique accompagnateur, don cultivé au contact des chanteurs qu'il côtoie comme chef wagnérien ou comme pianiste. Le baryton-basse Doda Conrad, qui a souvent chanté à ses côtés, raconte que son clavier ne se pose pas en rival concertant de la voix (comme le font d'autres pianistes), mais en véritable soutien : "ne t'inquiète pas, je te suivrai", telle est la phrase que Cortot répète à son partenaire, et qui pourrait servir de devise à son art chambriste[2]. Ainsi, ce virtuose, qui, dans ses interprétations solistes, fait parfois violence à la musique à force de subjectivité, est également capable, lorsqu'il

1. ERL, VIII.
2. Doda Conrad, *Dodascalies. Ma chronique du XXe siècle*, Arles, Actes Sud, 1997, p. 430.

partage la scène, de s'effacer pour servir d'appui à ses compagnons et leur donner l'impulsion. Cortot juge toutefois que Casals possède lui aussi cet art essentiel de l'accompagnement, et décrit son interprétation au violoncelle "d'une simple partie de *continuo* dans le *Trio* en *sol* de Haydn [comme] un miracle de variété dans la discrétion[1]".

Trois caractères musicaux forts et singuliers, mais capables d'écouter les autres : telle est peut-être la clé de la complémentarité du Trio. Leurs personnalités artistiques ont en effet pour autre point commun d'être façonnées par une passion précoce pour la musique de chambre. Celle-ci est ainsi pour Thibaud "la plus belle et la plus complète des formes musicales". Comme nous l'avons vu, ce goût s'éveille lors de séances familiales à Bordeaux puis à Paris, auxquelles il ne renonce pas une fois devenu célèbre : par exemple, les frères Thibaud donnent le 24 avril 1899 un programme de trios à la salle Pleyel, et Jacques apparaît également souvent en duo ou en quatuor : il crée par exemple le *Quatuor n° 1* de Saint-Saëns le 4 janvier 1900, avec Stanley Mosès, Henri Casadesus et son frère Francis. De même, Casals affirme "préférer de beaucoup jouer de la musique de chambre [plutôt] que des solos" et, s'il est loin de dédaigner la sonate ou le quatuor, la forme trio joue le plus grand rôle dans son apprentissage : c'est en entendant un trio qu'il découvre le violoncelle, c'est en trio qu'il fait ses débuts au Café Tost et c'est en trio avec Granados et Crickboom qu'il se fait connaître dans toute l'Espagne. Enfin, Cortot dit lui aussi qu'il n'y a

1. ERL, IV.

"pas de plus grand plaisir que de faire de la musique de chambre" et se montre attiré très tôt par le dialogue avec les autres instruments : dès l'époque du Conservatoire, il sollicite ses camarades violonistes pour déchiffrer des sonates et se porte volontaire pour accompagner les classes d'instruments à vent. Cette pratique chambriste lui apprend en outre "à jouer du piano selon son vœu intime", car c'est à l'exemple des archets qu'il s'efforce de "faire oublier la sonorité percutante" de son instrument, et c'est sur les inflexions des cordes (ou de la voix) qu'il modèle ses phrasés[1].

Outre cette dilection commune, le second pilier de la future association Cortot-Thibaud-Casals est leur profonde estime mutuelle, chacun d'eux étant un musicien assez sensible et intelligent pour apprécier les qualités des deux autres. Casals décrit ses partenaires comme "des artistes au degré superlatif", dont l'un "jouait du violon avec une élégance incomparable", et dont l'autre, "un des plus grands pianistes de notre temps [...], avait une puissance stupéfiante et un élan qui ne connaissait pas de frontière[2]". De même, dans des entretiens radiophoniques de 1953, Cortot se souvient avec émotion de l'admiration éprouvée pour ses amis : de celui qui vient de disparaître tragiquement, il déclare qu'"à ceux qui ne l'ont pas connu, on ne pourra expliquer [...] qui était Jacques Thibaud, parce qu'un miracle est par essence inexplicable[3]" ; de même, il voit Casals comme "le plus grand interprète musical

1. Pour les citations qui précèdent, ERL, IV.
2. Pablo Casals, *op. cit.*, p. 88.
3. ERL, VIII.

de son temps" de par sa puissance expressive, et le considère, à égalité avec Risler, comme son principal modèle artistique. De façon plus lapidaire, Thibaud dit du violoncelliste qu'il est "un des plus purs talents que la musique ait eus[1]", et que sa propre carrière a toujours été inséparable de celle de Cortot[2].

Par-delà leurs différences flagrantes de goûts et de style, Cortot, Thibaud et Casals apparaissent ainsi comme trois musiciens unis par un même élan expressif, capable dès leurs débuts d'entraîner irrésistiblement le public à leur suite, mais aussi et surtout unis par un même amour de leur art, qui dépasse largement l'horizon de leur seul instrument. Aussi, lorsque le destin et les premières étapes de leurs parcours respectifs se chargent de les réunir dans un même lieu, le Paris artistique et mondain des années 1900, il n'est guère étonnant que se noue entre eux une amitié née de la musique, vivant pour la musique, qui sera le meilleur ciment de leur association.

1. José Maria Corredor, *op. cit.*, p. 13-14.
2. Irving Kolodin, "Rimsky Saved Jacques Thibaud", *The New York Sun*, 31 décembre 1936.

II

MUSIQUE DE CHAMBRE, TENNIS ET MONDANITÉS. LA FORMATION DU TRIO

Dès sa première prestation publique, qui a lieu le 25 mai 1906, le Trio est perçu comme une sorte de miracle, car les auditeurs de ce concert initial, tout autant que ceux qui écoutent aujourd'hui les disques réalisés bien plus tard, sont immédiatement frappés par la cohésion et la plénitude que fait naître l'addition de ces trois talents. Cependant, le premier miracle est que Cortot, Thibaud et Casals se soient fait entendre conjointement : il était alors (et il est toujours) inusité que de telles vedettes partagent l'affiche pour une séance de musique de chambre, et encore plus inhabituel que leur association s'installe ensuite dans la durée. Par conséquent, il convient de se pencher sur les circonstances qui les amènent à jouer ensemble : en réalité, cette rencontre sur scène se prépare des années à l'avance, années au cours desquelles les trois hommes nouent des liens à la fois amicaux et artistiques, par le biais des réseaux de sociabilité culturelle et mondaine au sein desquels se développent leurs carrières respectives. Ayant donné lieu à un grand succès, le concert du 25 mai 1906 est toutefois d'une importance capitale, car c'est bien au lendemain de ce qui devait rester un *hapax* musical que le Trio se constitue comme une institution régulière, sinon permanente.

Les deux premiers à faire connaissance sont Alfred Cortot et Jacques Thibaud, dès l'époque où ils sont ensemble élèves du Conservatoire, soit entre 1894 et 1896. Déjà soucieux de ne pas limiter son horizon à la seule virtuosité pianistique, Cortot propose en effet d'explorer la littérature pour violon et piano à quelques-uns de ses camarades, parmi lesquels figurent Georges Enesco et Jules Boucherit, mais aussi celui que le pianiste désigne dans ses souvenirs comme un "joli garçon bordelais". C'est donc par le biais de cette "curiosité juvénile" pour les grandes sonates du répertoire que s'établissent entre eux des "liens fraternels[1]". Par la suite, les deux jeunes musiciens ne cessent de se croiser en cheminant chacun vers le succès. Ainsi, le 21 novembre 1897, il est probable que Thibaud figure parmi les violons de l'Orchestre Colonne (où il vient d'être embauché), lorsque cette formation accompagne dans le *Troisième Concerto* de Beethoven un Cortot qui fait là ses vrais débuts parisiens. De même, le pianiste participe un an plus tard au concert au cours duquel, nous l'avons vu, Thibaud remporte un succès mémorable avec le *Prélude* du *Déluge* : au programme de ce "festival Saint-Saëns" (20 novembre 1898) figurent les *Variations sur un thème de Beethoven* pour deux pianos, que Cortot joue avec son professeur Louis Diémer. En effet, l'amitié naissante de Cortot et Thibaud se nourrit de celle unissant de longue date leurs maîtres respectifs, Diémer et Martin Marsick. Par exemple, Cortot et Marsick jouent tous deux

1. ERL, II.

au cours d'une soirée musicale chez le peintre Jean-François Rafaëlli le 5 juin 1898[1], et nous verrons de même que Thibaud fréquente avec assiduité le salon de Diémer. Enfin, le duo Cortot-Thibaud, appelé à être actif durant près d'un demi-siècle (jusqu'en 1944), semble s'être produit pour la première fois en public en 1900, dans le cadre des "Concerts de l'Exposition universelle", et, là aussi, sous le signe de Saint-Saëns : le 22 octobre, ils interprètent au "Pavillon des Lettres, Sciences et Arts" la *Première Sonate* opus 75[2].

Peu auparavant, le pianiste s'est lié avec Pablo Casals, à l'occasion du *Tristan et Isolde* monté au Nouveau-Théâtre par Charles Lamoureux à l'automne 1899. Nous avons vu que Cortot joue dans cette entreprise un rôle similaire à celui qui était le sien à Bayreuth, celui de chef de chant et répétiteur. De son côté, Casals, lui aussi grand wagnérien, et qui vient de débuter avec succès en tant que soliste de ces mêmes Concerts-Lamoureux, a demandé à intégrer les rangs de l'orchestre le temps de ces représentations, afin de mieux s'imprégner d'une musique qui l'ensorcelle. Au cours des répétitions, le pianiste est frappé par le sérieux et la ferveur du jeune homme "affecté au troisième ou quatrième pupitre des violoncelles". De leur passion commune naît une amitié musicale : "nous fîmes aussitôt de la musique de chambre[3]", racontera ainsi Cortot, qui précise qu'Enesco se joignait parfois à eux pour déchiffrer des trios. Cependant, ils n'éprouvent pas tout de suite le besoin d'offrir au

1. *Le Figaro*, 6 juin 1898, p. 2.
2. *Ibid.*, 22 octobre 1900, p. 3.
3. ERL, III.

public des séances pour violoncelle et piano, puisque, d'après nos sources, ce n'est que le 20 février 1906, soit quelques semaines seulement avant le premier concert du Trio, que Cortot et Casals paraissent ensemble sur scène, avec les *Sept Variations sur un thème de La Flûte enchantée* opus 66 de Beethoven[1].

Thibaud et Casals n'ont en revanche pas laissé de témoignage sur les circonstances exactes de leur rencontre. Il est néanmoins permis de penser que celle-ci intervient sous les auspices de l'école belge de violon, avec laquelle ils ont tous deux des liens étroits. Grâce à Mathieu Crickboom (son partenaire de trio à Barcelone en 1897-1898), Casals fait la connaissance d'Eugène Ysaÿe, pour lequel il éprouve une vive admiration, et qui est depuis longtemps, nous l'avons vu, le mentor de Thibaud. C'est donc probablement dans l'entourage de ce maître que les deux futurs instrumentistes à cordes du Trio sont présentés l'un à l'autre. Il est en tout cas établi qu'ils donnent eux aussi leurs premiers concerts communs en 1900, en particulier lors d'une matinée musicale et mondaine au programme particulièrement intéressant. Le 8 mai, Louis Diémer organise en effet chez lui une réception en mémoire d'Édouard Lalo, au cours de laquelle Thibaud et Casals interprètent le *Trio* en *la* mineur opus 26 du compositeur aux côtés du maître de maison, qui se charge de la partie de piano. En dépit de son caractère ponctuel, cette association Diémer-Thibaud-Casals annonce de toute évidence l'avènement de notre Trio, puisque ses deux archets y croisent déjà leurs sonorités et se mêlent au clavier du professeur de Cortot. On peut d'ailleurs supposer que ce dernier

1. Concert à la Société philharmonique de Paris.

est présent dans l'élégant auditoire qui, selon la chronique mondaine, accorde ce jour-là un "succès d'enthousiasme [aux] merveilleux exécutants[1]".

En ces premières années du XXe siècle, nos trois musiciens font donc connaissance sous le parrainage de quelques grandes figures de la génération précédente, ces maîtres qui leur ont transmis les valeurs artistiques du romantisme et ont encouragé leurs débuts, Édouard Colonne, Martin Marsick, Charles Lamoureux, Eugène Ysaÿe ou Louis Diémer. De même, leurs relations s'établissent en grande partie dans un cadre social et culturel hérité du XIXe siècle, mais qui occupe encore une place décisive à la Belle Époque, celui des salons parisiens. Palliant en quelque sorte les carences de l'État (il n'existe alors pas de véritable politique de la musique), les élites aristocratiques et bourgeoises conservent en effet à cette époque un rôle fondamental de mécénat et de soutien de l'activité musicale[2]. Certes, ces milieux mondains conjuguent étroitement la mélomanie avec le snobisme, mais on compte dans leurs rangs quelques amateurs assez doués pour se produire aux côtés des professionnels et ayant un goût assez sûr pour déceler les nouveaux talents. Leurs réceptions accueillent compositeurs et interprètes, souvent rémunérés avec générosité, et constituent de ce fait une étape quasi obligée dans le développement des carrières.

Cortot, Thibaud et Casals fréquentent tous trois quelques-uns des salons musicaux les plus réputés

1. *Le Figaro*, 9 mai 1900, p. 2.
2. Myriam Chimènes, *Mécènes et musiciens. Du salon au concert à Paris sous la IIIe République*, Paris, Fayard, 2004.

de l'époque, en particulier celui de Mme Ménard-Dorian. C'est en effet chez cette grande dame de la bourgeoisie "avancée" (voire de la "gauche caviar[1]") qu'ils se rendent le plus régulièrement. Dans une maison où règne une hospitalité "large et même fastueuse[2]", ils côtoient de nombreux écrivains et artistes, ainsi que de grandes figures de la IIIe République (Clemenceau, Viviani, Briand et d'autres). Selon toute apparence, tous trois sont à cette époque unis par leurs opinions politiques, et notamment par leur appartenance au camp dreyfusard. Casals mentionne cet engagement dans ses souvenirs, de même que Cortot ; ce dernier est aussi l'ami intime de Léon Blum, qui est alors le secrétaire particulier de Mme Ménard-Dorian et, dans le cadre de l'"Affaire", en train de faire son entrée en politique auprès de Jaurès. Pour sa part, Thibaud raconte avoir été l'ami du défenseur du capitaine, l'avocat Fernand Labori. Rien ne laisse donc présager les différends politiques qui gâteront leur amitié dans les années 1930 et qui expliqueront pour partie la séparation du Trio. À la Belle Époque, c'est toutefois bien la musique qui prime, et il est possible que le salon Ménard-Dorian ait eu la primeur de quelques auditions du Trio avant que celui-ci ne paraisse sur scène.

1. L'historienne Anne Martin-Fugier n'hésite pas à employer cette expression à propos d'Aline Dorian. Née en 1850, fille d'un puissant maître de forges, celle-ci épouse en 1889 Paul Ménard, riche industriel et député proche de Clemenceau. Des convictions dreyfusardes, anticléricales et socialisantes voisinent chez elle avec la mélomanie, et notamment le wagnérisme (Anne Martin-Fugier, *Les Salons de la IIIe République. Art, littérature, politique*, Paris, Perrin, coll. "Tempus", 2009, p. 85-86).
2. *Ibid.*, p. 84.

Cortot, Thibaud et Casals se rencontrent dans d'autres maisons, plus aristocratiques, comme celle de la comtesse Greffuhle (qui a financé les entreprises wagnériennes de Cortot) ou celle de Mme de Saint-Marceaux[1], ou encore chez des figures du monde musical assez mondaines et fortunées pour "avoir leur jour", par exemple Édouard Colonne, le compositeur Ernest Chausson, le pianiste Abel Ram, Gustave Lyon (directeur de la maison Pleyel) et surtout Diémer. L'ancien professeur de Cortot est en effet un homme du monde accompli, qui a fait construire dans son hôtel particulier une salle de concert privée, où se produisent entre autres, nous l'avons vu, les futurs membres du Trio. Il organise aussi des réceptions brillantes où le violoniste Jules Boucherit se souvient d'avoir aperçu plusieurs "gloires futures" telles que Reynaldo Hahn, le flûtiste et chef Philippe Gaubert, Risler, Casals et "Cortot et Thibaud tous deux affublés de moustaches de brigands calabrais qu'ils devaient renier plus tard[2]".

Cependant, nos musiciens se côtoient également dans un cadre moins guindé, où ils peuvent donner libre cours à leur amitié lorsque les obligations de la vie de concertiste leur en laissent l'occasion. Chaque début d'été, une fois que la saison des concerts s'achève et que chacun revient de ses tournées à travers le monde, un groupe de célèbres virtuoses se retrouve en effet pour des séances chambristes tout

1. Marguerite de Saint-Marceaux, *Journal 1894-1927*, éd. Myriam Chimènes, Paris, Fayard, 2007.
2. Jules Boucherit, *Les Secrets du violon*, Paris, Éditions des Cendres, 1993, p. 36.

à fait informelles. “Nous avions assez défilé devant les publics [...] et nous avions envie de faire de la musique pour notre propre plaisir[1]”, raconte à ce sujet Pablo Casals, qui dit trouver là ses plus beaux souvenirs. Au soir de sa vie, le violoncelliste décrit avec précision le “cénacle privé” qu'abrite l'appartement parisien de Thibaud, situé avenue Niel :

> Ces petites réunions étaient devenues une de nos habitudes les plus chères, une sorte de rituel, pourrait-on dire, bien qu'elles n'eussent rien de rituel au sens habituel du mot. [...] Notre groupe comprenait Ysaÿe, Thibaud, Kreisler, Pierre Monteux, Cortot, Bauer, Enesco et moi-même. [...] Ysaÿe revenait d'une tournée en Russie, Kreisler des États-Unis, Bauer de l'Orient, moi peut-être de l'Amérique du Sud. Que nos retrouvailles étaient joyeuses ! Nous pouvions enfin jouer pour le simple plaisir de jouer, sans nous préoccuper d'un programme, de l'heure, des imprésarios, des bureaux de vente, du public et des critiques musicaux. Nous étions seuls avec la musique ! Nous jouions des duos, des quatuors, de la musique de chambre, n'importe quoi, tout ce qui nous faisait envie. Nous nous comprenions parfaitement. Nous changions constamment d'instrument : tantôt c'était l'un qui jouait le premier ou le second violon, ou l'alto, tantôt c'était l'autre ! Parfois, Enesco était au piano, et parfois Cortot. Nous nous réunissions en général après le dîner et nous commencions tout de suite à jouer. Personne ne s'occupait de l'heure ; le temps passait ; nous nous arrêtions occasionnellement pour boire ou manger quelque chose ;

1. José Maria Corredor, *op. cit.*, p. 66.

souvent, lorsque nous prenions congé de Thibaud, c'était déjà le matin[1].

Un peu plus tard dans l'été, la même bande ou presque se réunit à *La Chanterelle*, une villa des bords de Meuse où Ysaÿe passe ses vacances à partir de 1902[2]. D'après Casals, on y improvise l'exécution de quintettes dont la distribution a de quoi "faire tourner la tête aux imprésarios" : "premier violon, Fritz Kreisler ; second violon, Jacques Thibaud ; alto, Eugène Ysaÿe ; violoncelle, Pablo Casals ; piano, Ferruccio Busoni, Alfred Cortot ou Raoul Pugno[3]". À partir de 1905, un troisième lieu abrite enfin ces joyeuses séances, la Villa Molitor (à Auteuil), où Casals s'installe cette année-là. Un court de tennis se trouve à proximité de cette nouvelle résidence, et Cortot, Thibaud et Casals, tous trois passionnés par ce sport, s'y affrontent dès que possible raquette à la main. D'après le pianiste, c'est à la suite de ces "journées d'heureuse mémoire ensoleillée [vouées à d'] inlassables parties de tennis" qu'ils prennent l'habitude de faire régulièrement de la musique ensemble :

> Le soir venu, nous [nous réunissions], avec le concours de nos instruments, sous le couvert des lectures émerveillées consacrées à l'incomparable domaine des chefs-d'œuvre de la musique de chambre – sonates ou trios, auxquels une ambiance familière accordait les avantages d'une intimité

1. Pablo Casals, *op. cit.*, p. 110.
2. Antoine Ysaÿe, *Eugène Ysaÿe. Sa vie, son œuvre, son influence*, Paris, Les Deux Sirènes, 1947, p. 166.
3. Pablo Casals, *op. cit.*, p. 111.

> particulièrement favorable à leur signification confidentielle, et réservait à ses dispensateurs improvisés de connaître des joies révélatrices d'une intuitive entente interprétative, encore qu'elle fût ignorante de toute mise au point préalablement concertée[1].

Sans doute est-ce alors que s'établit vraiment la relation artistique Cortot-Thibaud-Casals, et en tout cas qu'elle va au-delà des liens noués lors des soirées avec Kreisler, Ysaÿe et le reste de la bande : où l'on voit l'influence du tennis sur les destinées musicales...

Comme on peut le voir, les souvenirs des uns et des autres concordent pour décrire les réunions amicales qui président à la constitution du Trio. Le besoin de jouer pour le plaisir, dans une ambiance intime et joyeuse, sans s'occuper de l'heure ni du public, loin du rythme harassant des tournées et de la solitude qu'éprouvent parfois les virtuoses, tels sont les fondements de l'association des trois jeunes artistes. Cette relation fondée sur l'amour commun de la musique trouve en effet immédiatement une traduction artistique, puisque chacun, interprète et auditeur, se rend aussitôt compte que les "lectures émerveillées" qui s'improvisent avenue Niel ou à la Villa Molitor présentent un caractère exceptionnel : "nous nous comprenions parfaitement[2]", dit ainsi Casals, tandis que Cortot, avec son vocabulaire recherché, parle, nous l'avons vu, "d'intuitive entente interprétative". Tout

1. Texte rédigé à l'occasion de la réédition en microsillons des enregistrements du Trio (1957), cité par Christian Goubault, *Jacques Thibaud (1880-1953), violoniste français*, Paris, Librairie Honoré Champion, 1988, p. 43.
2. Pablo Casals, *op. cit.*, p. 87.

autant que l'enthousiasme et les encouragements de ceux auxquels il est donné d'entendre ces séances privées, c'est, à n'en pas douter, l'envie de communiquer à un plus large public ce plaisir de faire de la musique et ce sentiment instinctif d'harmonie qui décide le Trio à se faire entendre sur scène.

L'initiative du premier concert revient à Cortot et à l'imaginatif Gabriel Astruc[1], qui est alors son agent à Paris (et celui de Jacques Thibaud). Les 18 mai, 25 mai et 8 juin 1906, la Société musicale organise en effet pour le pianiste trois "concerts romantiques" (comme les baptise Astruc), respectivement dévolus à Chopin, Schumann et Liszt. Pour ces séances, qui ont lieu dans le cadre chaleureux de la vieille salle Pleyel[2], Cortot choisit, de façon novatrice pour l'époque, de faire alterner des pages solistes et des pièces pour lesquelles il fait appel au concours de certains amis. Ainsi, le 18 mai, il invite Jane Bathori[3] à interpréter avec lui des mélodies du

1. Gabriel Astruc (1864-1938) est d'abord journaliste et éditeur musical, puis fonde en 1905 une agence de concerts et de théâtre, la Société musicale. À sa tête, il organise un grand nombre de manifestations parmi lesquelles les débuts parisiens des Ballets russes (1909) ou le *Martyre de saint Sébastien* de Debussy (1911). Il fait aussi construire le théâtre des Champs-Élysées en 1913, où ont lieu les mémorables représentations du *Sacre du printemps*.
2. Il ne faut pas confondre l'actuelle salle Pleyel avec celle de l'époque, inaugurée en 1839 et située rue de Rochechouart, à côté de la manufacture de pianos du même nom. Comportant cinq cents places, elle constitue un cadre idéal pour les récitals et la musique de chambre.
3. La mezzo-soprano Jane Bathori (1877-1970) est l'une des grandes interprètes de la mélodie française. Elle a pour particularité

maître polonais, alors inédites en France (les *Préludes* complétant le programme). De même, c'est la cantatrice Ada Adiny[1] qu'il accompagne dans celles de Liszt le 8 juin, tandis qu'Enesco tient le second piano destiné à remplacer l'orchestre dans l'exécution du *Premier concerto*. Enfin, lors de la deuxième séance, consacrée le 25 mai à Robert Schumann, les lectures du *Carnaval*, des *Scènes d'enfant* et des *Études symphoniques* encadrent celle du *Trio n° 1* en *ré* mineur opus 63, qui est donc la première œuvre offerte au public par Cortot, Thibaud et Casals, et qui deviendra par la suite l'une de leurs œuvres favorites. Due à l'audace de Cortot en matière de programmation, ainsi qu'à l'esprit aventureux d'Astruc (qui a peut-être assisté à certaines séances Villa Molitor), leur association ne semble cependant pas prévue pour durer au-delà de ce concert exceptionnel, pas davantage que ne le feront le duo pianistique avec Enesco ou le partenariat avec les deux chanteuses.

Néanmoins, la première apparition publique du Trio remporte un immense succès, dont témoignent les comptes rendus parus dans la presse. Si, dans *L'Écho de Paris* (28 mai 1906), la "Lettre de l'ouvreuse" du facétieux Willy (*alias* Henry Gauthier-Villars) ne parle curieusement que des pièces solistes du programme, Louis Schneider écrit par exemple dans *Gil Blas* (18 juin 1906) que "l'exécution [du trio] fut vraiment hors de pair". La salle se montre

d'être assez bonne pianiste pour s'accompagner parfois elle-même au clavier.

1. Née aux États-Unis en 1855, Ada Adiny (ou Adini) a notamment été l'une des interprètes du *Tristan* monté par Cortot en 1903.

particulièrement enthousiaste si l'on en croit le *Journal des débats* (27 mai 1906), qui affirme que "le *Trio* en *ré* mineur a valu aux trois virtuoses un véritable triomphe". D'autres critiques soulignent la vive impression que leur a faite la performance des trois artistes : Robert Brussel évoque dans *Le Figaro* "une émotion artistique vraiment inoubliable" (25 mai 1906), tandis que le chroniqueur du *Guide musical*, ébloui par la "superbe exécution du *Trio* en *ré* mineur, si absolument belle", raconte que, "depuis cette soirée triomphale, l'œuvre [lui] chante à l'oreille, toujours et partout" (10 juin 1906).

Bien qu'il se limite à l'interprétation d'un seul morceau, ce premier concert semble donc déjà susciter une émotion particulièrement communicative chez ses auditeurs. La présence du public n'a manifestement pas gâté le plaisir que les trois amis éprouvent à jouer ensemble, ni empêché que se produise la réaction alchimique qu'engendre l'alliage de leurs personnalités musicales. C'est pourquoi l'accueil reçu le 25 mai a fortement contribué à ce que Cortot, Thibaud et Casals choisissent de donner une suite à cette réunion exceptionnelle, en jouant régulièrement ensemble en trio. Sans doute y sont-ils incités à la fois par les bienfaits artistiques qu'ils tirent de leur association, mais aussi par des enjeux plus matériels, sur lesquels les imprésarios n'ont pas manqué d'attirer leur attention. Casals laisse ainsi entendre que les organisateurs de concerts ont perçu le potentiel commercial que représente le rapprochement de leurs trois noms dès l'époque des auditions privées de l'avenue Niel et de la Villa Molitor, et nul doute que leur intérêt se soit encore accru au lendemain du triomphe remporté à la salle Pleyel.

C'est en effet quelques semaines plus tard que les trois amis décident de consacrer dorénavant chaque saison une partie de leur emploi du temps au Trio. À l'été 1906, Cortot et son épouse (née Clotilde Bréal) louent une propriété située sur les bords de Seine près de Melun, le château des Vives-Eaux[1], afin d'y passer les vacances en compagnie de leurs amis les plus intimes, M. et Mme Léon Blum et une jeune veuve nommée Marie-Laure Meyer[2]. Peu après, Casals et Thibaud viennent séjourner aux Vives-Eaux et, dans ses souvenirs, l'une des enfants présents à cette villégiature décrit avec pittoresque l'ambiance régnant alors au sein du Trio :

> Ils travaillaient beaucoup, se disputaient quelquefois et s'amusaient le plus souvent. Ils faisaient des blagues terribles. Lâchés loin de leurs épouses, ils avaient l'air de trois potaches en quête de mauvais coups. À la maison, devant les visages sérieux de Clo et de Mme Thibaud, tout rentrait dans l'ordre et l'on ne parlait plus que musique et interprétation. Moi, je les préférais dehors, en proie à leur

1. Située à Dammarie-les-Lys, cette magnifique propriété est louée à un prix modique par les Cortot et les Blum, car elle appartient à l'intrigante Thérèse Humbert, dont les biens sont mis sous séquestre après une retentissante affaire d'escroquerie. Toujours pour la petite histoire, ce château, après avoir entendu certaines des premières interprétations du Trio, a accueilli beaucoup plus tard (entre 2001 et 2008) le tournage de l'émission télévisée *Star Academy* : autres temps, autre musique.

2. Clotilde Cortot, Lise Blum et Marie-Laure Meyer sont amies intimes depuis l'enfance, les deux premières étant en outre cousines. Voir le témoignage de la fille de Marie-Laure Meyer, Colette, publié sous le pseudonyme de Constance Coline (*Le Matin vu du soir. De la Belle Époque aux années folles*, Paris, Anthropos, 1980).

génie malin, ivres de liberté et des promesses de la gloire[1].

Si l'on joue toujours avec acharnement au tennis durant ces vacances, on y fait également beaucoup de musique, car, en dépit de leur propension à la farce et à l'esprit buissonnier, Cortot, Thibaud et Casals se sont avant tout réunis pour "préparer les séances de trio qui devaient les rendre célèbres dans le monde entier[2]". Le récit de Colette Meyer concorde en effet avec les souvenirs du pianiste : oubliant apparemment le concert du 25 mai, celui-ci date les débuts du Trio de l'époque où "[ses] deux amis, se trouvant [ses] hôtes d'été dans une villégiature près de Melun", passaient avec lui les soirées "à déchiffrer tous les trios possibles et imaginables[3]". Dans cette atmosphère détendue et quelque peu bohème, le Trio offre souvent à ses amis la primeur d'une audition, et Colette Meyer se souvient que "cela paraissait tout naturel d'entendre les grands chefs-d'œuvre classiques joués par les trois meilleurs exécutants de l'époque[4]".

C'est à partir du séjour aux Vives-Eaux que prend naissance la légende bien connue selon laquelle le futur chef du Front populaire aurait été l'instigateur du Trio. L'histoire n'est pas tout à fait vraie, le Trio ayant déjà joué en public quelques semaines plus tôt, mais elle n'est pas tout à fait fausse non plus. Alors au tout début de son engagement politique, Blum

1. *Ibid.*, p. 66.
2. *Ibid.*, p. 65.
3. ERL, III.
4. Constance Coline, *op. cit.*, p. 66.

est en effet un mélomane passionné, éventuellement capable, selon Colette Meyer, de chanter "d'une voix agréable" lors de ces soirées estivales. Assistant aux répétitions de ses amis, il est probable qu'il encourage leur projet de jouer et d'accomplir ensemble des tournées. Sans le nommer, Cortot affirme ainsi que "quelques auditeurs amis présents à ces délassements [les] pressèrent[1]" de donner des auditions publiques en trio.

Quoi qu'il en soit et quelle qu'ait été l'influence des uns et des autres (Blum, mais aussi les imprésarios, et notamment Gabriel Astruc), l'été 1906 voit bien le Trio se constituer en association pérenne, en faisant fond sur le succès remporté lors de sa première prestation. Les répétitions intenses des Vives-Eaux servent en effet à préparer les concerts qui, à Paris, en province et à l'étranger, jalonneront régulièrement, nous allons le voir, la saison 1906-1907 à venir puis les saisons suivantes. Ainsi débute la première période d'activité du Trio Cortot-Thibaud-Casals, première période qui permet aux trois artistes de placer la musique de chambre au cœur de leur activité et de donner un lustre nouveau à la forme musicale dont ils se sont emparés.

1. ERL, III.

III

TRIOGENÈSE. DESCRIPTION ET ÉVOLUTION D'UNE FORME ET D'UNE FORMULE

Le trio est regardé comme la plus parfaite de toutes les compositions, parce que c'est celle qui produit le plus d'effet proportionnellement aux moyens employés.

Léon Escudier,
Dictionnaire de musique (1872).

L'une des conditions essentielles de la réunion de Cortot, Thibaud et Casals en 1906 est l'existence d'un vaste répertoire qu'ils peuvent explorer ensemble. De longue date, de nombreux compositeurs se sont intéressés aux possibilités qu'offre le dispositif instrumental associant piano, violon et violoncelle : établir la généalogie de ce dispositif revient à esquisser à grands traits les étapes essentielles de la musique occidentale depuis le XVIe siècle jusqu'à nos jours. En effet, la combinaison de ces trois instruments telle que nous la connaissons n'a pas été obtenue en un jour ; elle plonge ses racines dans une multitude de faits, de circonstances et d'événements sonores dont la conjonction a abouti, par de nombreux chemins de traverse, à cette formation idéale que les mélomanes en leur temps ont appréciée chez

Alfred Cortot, Jacques Thibaud et Pablo Casals réunis en trio.

Ces artistes qui ont célébré de façon quasi institutionnelle l'art de jouer ensemble appartiennent à la lignée de ces "chambristes" qui, dépassant le cap des retrouvailles occasionnelles, ont choisi de se constituer en entité indivisible, reconnue comme une sorte de "label" de haute valeur musicale. Pour atteindre ce niveau de notoriété, ils se sont approprié une modeste partie du répertoire classique, réservant leurs forces à la musique romantique avec quelques incursions dans la musique du XXe siècle. Leur carrière exemplaire a suscité bien des vocations et les enregistrements qu'ils ont réalisés dans les années 1920 permettent de mesurer la qualité de leur travail d'exécutants et la teneur de leur engagement esthétique. Ils incarnent en cela une conception nouvelle du rôle de la musique de chambre, proche de celle que vivent les quartettistes d'aujourd'hui, contraints par les exigences de leur métier à une véritable ascèse professionnelle, ascèse que n'entretenaient sans doute pas leurs lointains prédécesseurs.

Car la notion d'ensemble constitué, considérée comme le support d'une activité permanente et rémunérée, n'existe dans l'histoire des concerts que depuis un siècle, même si, çà et là, quelques musiciens, des compositeurs notamment, ont pu faire alliance avec des interprètes pour la création de leurs œuvres. Ainsi, par exemple, Felix Mendelssohn créet-il son *Premier Trio* pour piano, violon et violoncelle le 1er février 1840 dans la salle du Gewandhaus de Leipzig avec ses amis Ferdinand David et Karl Wittmann, respectivement *Konzertmeister* et premier violoncelle de la formation symphonique leipzigoise.

En remontant dans le temps, on s'aperçoit que la plupart de ces pages, depuis Haydn jusqu'à Beethoven, apparaissent sur le carnet de commandes des compositeurs assujettis au bon vouloir de leurs employeurs princiers, à moins qu'elles n'obéissent à l'opportunité d'obtenir une situation professionnelle en vue, ou à la nécessité d'une aide matérielle. Tel a été le cas envié de Luigi Boccherini, sollicité par le roi de Prusse Frédéric-Guillaume II, lui-même excellent violoncelliste, d'écrire à partir de 1786 des œuvres avec une partie instrumentale spécialement destinée au souverain. De même, Joseph Haydn, selon les termes de son contrat passé en 1761[1], "considéré et traité comme un officier de la maison de Son Altesse sérénissime le prince Paul Anton Esterházy [...] devra composer toute musique que pourra lui commander Son Altesse...". À la requête de Nicolas le Magnifique, le successeur de son premier patron, il produit entre 1765 et 1778 une centaine de trios pour baryton (ou *viola di bardone*), l'instrument favori du prince, avec alto et violoncelle. Au cours des années 1755-1760, et au milieu d'une œuvre déjà prolifique, apparaissent une quinzaine de trios pour clavecin, violon et violoncelle dans lesquels la partie de clavier prédomine, accordant au violoncelle quelques souvenirs de l'ancienne basse chiffrée. Voici ce qu'en disait le poète et librettiste italien Giuseppe Carpani :

1. Ce contrat signé par Haydn le 1er mai 1761 est conservé dans les archives Esterházy. Il a été publié par le musicologue allemand Carl Ferdinand Pohl in *Joseph Haydn* (t. I), Leipzig, Hugo Botsiber, 1875. Cité et traduit par Marc Vignal, *Joseph Haydn*, Paris, Fayard, 1988, p. 84-85.

En 1752, Haydn parut dans l'arène musicale avec six trios qui, aussitôt à cause de l'originalité du style et du charme dont ils étaient accompagnés, passèrent dans toutes les mains et donnèrent lieu à des discours animés entre les artistes de la même profession. Avant l'apparition de ces trios, les compositeurs allemands écrivaient ordinairement ce genre de musique de chambre avec toute la rigueur du contrepoint fugué ; et même la délicieuse musique créée par Sammartini n'avait pu les faire renoncer à la méthode de la vieille école madrigalesque. Les charmantes conceptions de Haydn, pleines de vivacité, les beautés ravissantes et les licences qu'il se permit soulevèrent contre lui tous les Pacômes du désert harmonique[1].

Ces déclarations enthousiastes ne disent malheureusement pas dans quelles circonstances les œuvres ont été jouées. Vraisemblablement, lors de fêtes dans la noblesse ou les milieux bourgeois de Vienne, Haydn y a tenu la partie de clavecin, secondé par des musiciens de son entourage, peut-être par le tout jeune violoniste Karl Ditters von Dittersdorf. La facture instrumentale de ces trios rappelle – et comment aurait-il pu en être autrement ? – les structures de la sonate en trio, qui met en jeu un violon "doublé" par la main droite du clavecin, la basse répétant la main gauche du clavier avec, parfois, une échappée mélodique originale.

1. Giuseppe Carpani (1751-1825), *Le Haydine, ossia lettere sulla vita e le opere di Giuseppe Haydn*, cité par Marc Vignal, *op. cit.*, p. 54-55.

En effet, les premiers essais de Haydn suivent la modélisation en vigueur au tournant des années 1720. Autrement dit, trois instrumentistes sont requis pour jouer une sonate de soliste ; quatre pour une sonate à trois ! Ainsi, les *Sonates* de l'opus 5 d'Arcangelo Corelli (vers 1685) font appel à un violon, un violoncelle, un théorbe, et le clavecin ou l'orgue. Et toute la littérature soliste de l'Italie vivaldienne obéit à ce schéma, la véritable mutation apparaissant à l'orée du XVIIIe siècle, avec l'émancipation graduelle de la partie de continuo. Car, en échappant aux contraintes de la basse chiffrée, violoncelle et clavecin acquièrent une autonomie insoupçonnée. La sonate en trio avec laquelle Jean-Sébastien Bach conclut son *Offrande musicale*[1] apporte le plus bel exemple de cette formulation nouvelle : au cours des quatre mouvements, flûte et violon se partagent le discours (le plus souvent canonique) tandis que le clavier (orgue ou clavecin) s'applique à édifier la base harmonique tout en participant au jeu polyphonique. À cette remarquable partition font encore écho chez Bach les six *Sonates en trio* pour orgue ou clavecin-pédalier[2], chefs-d'œuvre de science contrapuntique et d'art concertant, qui consacrent sur les claviers l'écriture à trois parties individualisées, caractéristique de celle des futurs trios à trois instruments.

Mais la véritable révolution dans la trajectoire qui conduit à la mise au point de la formule trio clavier-violon-violoncelle a été accomplie par Jean-Philippe Rameau avec ses dix-neuf *Pièces de clavecin*

1. BWV 1079.
2. BWV 525-530 ; vers 1727.

en concerts publiées en 1741[1]. Il améliore le prototype en ajoutant à la trame expressive le décor théâtral et la dimension des timbres. Flûte ou violon, les interprètes ont le choix. Viole de gambe ou violoncelle baroque, l'alternative est possible. Quant aux clavecinistes, ils bénéficient en quelque sorte d'un quatrième livre de pièces de clavecin[2], la partie de clavier, d'une virtuosité exceptionnelle, étant totalement déconnectée de la règle polyphonique en vigueur chez Bach. Le clavecin mène le jeu dans une esthétique inédite qui privilégie la mélodie, les airs gracieux, à l'intérieur de formes chorégraphiques traditionnelles, menuets, rondeaux, tambourins, etc.

Ce changement radical de conception appartient au mouvement de pensée qui amorce les grands bouleversements des Lumières, cet hédonisme affiché qui rend la musique de Rameau si vivante et si attachante. Certes, Rameau a eu des prédécesseurs, Joseph Cassanéa de Mondonville[3] en particulier, dont les *Pièces de clavecin en sonates* avec accompagnement de violon, opus 3 (1734), présentent un réel intérêt sur le plan de l'écriture autant que de la forme, en ce sens qu'elles annoncent les œuvres du jeune Mozart qui,

1. Une analyse très pertinente de ces *Pièces* a été faite par Pierre Saby, "Ascendance du trio avec clavier : regards sur les *Pièces de clavecin en concerts* de Jean-Philippe Rameau", *in* Gérard Streletski (éd.), *Le Trio avec piano. Histoire, langages et perspectives*, Lyon, Symétrie, 2005, p. 19-38.

2. Cinq des pièces en concerts, *La Livri*, *L'Agaçante*, *La Timide (1er et 2e rondeau)* et *L'Indiscrète*, ont été arrangées pour clavecin seul par l'auteur.

3. Jean-Joseph Cassanéa de Mondonville (1711-1772), compositeur et violoniste originaire de Narbonne. Il dirige à partir de 1755 le Concert spirituel et fait entendre à la Chapelle royale de Versailles ses grands motets pour soli, chœur et orchestre.

lors de son séjour parisien de 1778, saura s'en inspirer pour la fabrication de ses propres sonates pour pianoforte avec accompagnement de violon.

L'interchangeabilité des instruments aigus reste la constante jusque dans les années 1800 et même au-delà[1], puisque Beethoven offre dans son *Trio n° 4* en *si* bémol majeur opus 11 l'alternative de la clarinette comme substitut du violon, mais il s'agit là d'une exception comparable à la possibilité donnée par Brahms de jouer ses *Sonates* pour clarinette et piano opus 120 à l'alto. Entre le temps du baroque déclinant et l'époque classique, le règne de l'*ad libitum* s'est largement appliqué à la formule du trio : Johann Schobert, à l'imitation des Français, publie vers 1760 des sonates en trio pour le clavecin avec accompagnement de violon et de basse *"ad lib."*, tandis que Carl Philip Emanuel Bach, en 1775, fait paraître des *Sonaten für Clavier die man allein ohne etwas zu vermissen und auf einer Violin und einen Violoncello begleitet blos spielen kann und leicht sind*, ce qui signifie en clair que, commercialement, il était loisible de les jouer en solo ou à plusieurs, pratique généralisée à l'initiative des éditeurs de musique.

La stabilisation de la formule piano-violon-violoncelle intervient chez Haydn à partir de 1784 avec la série des trente-huit trios répertoriés dans la classe XV du catalogue général[2] des œuvres de Haydn établi par Anthony van Hoboken, et qui s'échelonnent

1. Cf. Hervé Audéon, "Notes sur le trio avec piano en France vers 1800 et le concept d'accompagnement", *in* Gérard Streletski, *op. cit.*, p. 48-61.

2. Anthony van Hoboken, *J. Haydn, Thematisch-bibliographisches Werkverzeichnis*, Mayence, 1957-1971.

jusqu'en 1797. Prenant progressivement la place du clavecin, le pianoforte crée chez le musicien viennois une sorte d'émulation technique, qui le conduit à développer le dialogue des trois partenaires tout en lui donnant une réalité sonore dans laquelle les timbres jouent un rôle décisif ainsi que l'acoustique, toujours dépendante des lieux de la musique de chambre. Dans la dédicace à Marianne von Genzinger, l'épouse du médecin de Nicolas Esterházy, qui accompagne "une nouvelle sonate avec accompagnement de flûte ou de violon[1]", il note en 1790 : "Rien de très extraordinaire, une simple bagatelle pour vous amuser dans vos moments d'extrême ennui[2]", chacun comprenant, au-delà de l'ironie du propos, qu'il a écrit de la musique pour divertir, certes, mais en mode sérieux, pour être jouée par de bons amateurs. Haydn utilise le plus souvent pour son premier mouvement la forme sonate, d'où le qualificatif de "sonate" donné parfois aux trios, réservant au mouvement lent le modèle du lied en trois sections ou du thème à variation. Pour conclure, il choisit en général le rondo, auquel il donne un début de caractère concertant, à moins qu'il ne lui donne l'allure d'un joyeux scherzo, à l'exemple du Rondo à la hongroise du *Trio nº 39* en *sol* majeur, Hob. XV.25, si brillamment popularisé par le Trio Cortot-Thibaud-Casals.

Le succès des œuvres de Haydn était tel que quelques-unes de ses symphonies londoniennes avaient fait – commerce oblige – l'objet d'arrangements pour

1. Il s'agit en réalité du *Trio nº 30* en *fa* majeur, Hob. XV.17.
2. La lettre de Haydn adressée le 27 juin 1790 à Mme Genzinger est citée et traduite par Marc Vignal, *op. cit.*, p. 327-328.

trio avec piano. Mozart n'est pas resté insensible à ce type de musique. Son *Divertimento* K. 254 (1776), encore sous l'influence de Schobert et de Carl Philip Emanuel Bach, précède d'une décennie la composition de deux partitions importantes, les trios en *sol* majeur K. 496 et en *si* bémol majeur K. 502, qui assignent aux deux instruments à cordes une participation active face au piano. Et les trios qui suivent (K. 542 en *mi* majeur, K. 548 en *ut* majeur, et K. 564 en *sol* majeur) consacrent l'indépendance du violoncelle, incorporé désormais à part entière dans la texture concertante. Avec ces pages, Mozart opère le basculement définitif du prototype haydnien vers le "trio étalon", qui ouvre la voie à Beethoven et inaugure la lignée de ces chefs-d'œuvre qui ont enrichi la musique de chambre et qu'ont si vaillamment défendus les membres de l'illustre Trio Cortot-Thibaud-Casals.

Avec Beethoven, évidemment, tout change. Son approche de l'espace sonore va au-delà des solutions proposées par Haydn et Mozart, au point qu'il est parfois difficile de la juger objectivement. Aujourd'hui, il est proposé au public d'entendre indifféremment les œuvres de cette période charnière de l'histoire de la musique, jouées soit dans des conditions censées reproduire celles de l'époque, avec l'utilisation du pianoforte viennois de facture 1800 (original ou copie) et des instruments à cordes XVIIIe, montés en boyau et non en acier, soit avec des instruments actuels. Ce problème du volume sonore des instruments par rapport à l'acoustique des salles se pose à présent en termes d'économie artistique, ce que n'avaient pas manqué de pointer les imprésarios du Trio Cortot-Thibaud-Casals. L'agrandissement de la sphère sonore se double, à n'en pas douter, de l'accroissement du nombre possible d'auditeurs.

À titre de comparaison, lorsque Franz Liszt se produit en 1829 chez le facteur de pianos Érard, dans cette belle salle construite à la fin du XVIIIe siècle 13, rue du Mail à Paris dans le 2e arrondissement, il joue devant deux cents personnes. Quand, l'année suivante, Hector Berlioz réquisitionne la salle de l'ancien Conservatoire située 2 bis, rue du Conservatoire dans le 9e arrondissement, qui a été édifiée en 1811, il peut y faire entendre sa *Symphonie fantastique* en présence de huit à neuf cents fanatiques ou adversaires. On voit bien qu'indépendamment de l'architecture des lieux, la réception auditive ne pouvait être identique. De même que les conditions d'accès (billetterie, placement) ou de confort (sièges, chauffage, etc.). Dans le premier cas, le récital reposait sur une conception mondaine de l'exhibition. Dans le second, l'offensive berliozienne en appelait à une vision la plus démocratique de la musique, plus mouvementée aussi.

La salle Érard, les salons Pleyel et, plus tard, la salle des Agriculteurs deviennent après 1870 le théâtre des créations franco-françaises de la Société nationale de musique : y seront donnés en première audition les trios de Saint-Saëns, de Vincent d'Indy (dont le *Trio* opus 29 admet la clarinette en lieu et place du violon), d'Ernest Chausson, de Maurice Ravel et de Gabriel Fauré, toutes compositions qui marquent l'avènement d'un nouvel état d'esprit dans le domaine de l'écriture, écriture plus touffue répondant aux critères d'unité organique définis par César Franck et théorisés par Vincent d'Indy, et d'un nouvel ordre instrumental dans lequel les combinaisons de timbres occupent désormais une place de choix. Est-ce l'influence de Brahms qui a déjà innové en proposant un trio avec cor et violon opus 40 et un trio pour piano, clarinette et violoncelle opus 114 ? Est-ce déjà l'influence de Claude Debussy qui privilégie, dès son *Quatuor à cordes* de 1892, la perception hédoniste du plaisir sonore et consacre la primauté de la couleur sur les nécessités de l'écriture classique ? Ainsi le paysage musical va-t-il progressivement s'ouvrir à des univers inconnus dictés par la curiosité picturale, comme le truculent *Trio* de Francis Poulenc pour piano, hautbois et basson, ou à cause de l'économie (de guerre) des moyens disponibles, comme les *Contrastes* de Béla Bartók destinés à la clarinette de Benny Goodman, au violon de Joseph Szigeti et au piano d'Egon Petri. Les créateurs du XXe siècle cherchent à se démarquer de leurs aînés en inaugurant des solutions formelles et techniques inédites ou, au contraire, en revenant à des schémas connus. Ainsi György Ligeti rejoint-il l'esprit de Brahms avec son *Trio* pour piano, cor et violon (1982). Quant au jazz, il a apporté des idées originales en matière de trio. Duke Ellington et à sa suite de très nombreux musiciens adoptent le jeu à trois, facile à placer sur les scènes exiguës des cabarets, piano, basse, batterie, où la contrebasse à cordes (jouée *pizzicato* ou avec l'archet) connaît un nouveau statut et suscite la vocation de nouveaux virtuoses. Ni dérive, ni altération, ces assemblages instrumentaux participent de l'évolution du goût, des usages et de la perception du son propre au XXe siècle. Qu'en sera-t-il au XXIe, cent ans après les performances du Trio Cortot-Thibaud-Casals ?

IV

HIS-TRIO-GRAPHIE, OU LE CONCERTO DU CONSENSUS

Parmi les grands messagers de la musique pour le trio avec piano, Alfred Cortot, Jacques Thibaud et Pablo Casals font figure de pionniers, même s'ils ne sont pas les premiers à s'être constitués en association permanente avec l'aspect fusionnel que le public leur a reconnu. Car les musiciens qui rêvent de faire carrière à trois se posent toujours la même question de savoir si leur entente artistique et leurs caractères résisteront à la pratique quotidienne, et si, plus prosaïquement encore, ils pourront vivre de leur travail commun. C'est pourquoi, dans l'histoire, on compte finalement assez peu d'ensembles permanents comme par exemple le célèbre Beaux-Arts Trio, fondé en 1955 par Menahem Pressler et qui a mis fin à son activité en août 2009 lors du Festival Mendelssohn de Leipzig, après s'être produit pendant plus de cinquante ans. Le pianiste a été sans conteste l'artisan de la longévité exceptionnelle de ce trio qui a connu d'inévitables changements de personnel chez les cordes pour différentes causes, maladie, vie familiale et impératifs de carrière. Mais, par-delà les permutations, l'esprit du trio a été préservé grâce à la personnalité de son leader. Témoin, entre autres réalisations, de cette insatiable activité, les deux enregistrements du *Triple Concerto* opus 56 de Beethoven, le premier[1] datant de 1977 avec Isidore Cohen et Bernard Greenhouse et le London Philharmonic Orchestra dirigé par Bernard Haitink, le second[2] de juin 1992, avec Ida Kavafian et Peter Wiley accompagnés par l'Orchestre du Gewandhaus de Leipzig sous la direction de Kurt Masur. Ce sont là deux piliers des catalogues qui consacrent la cohésion artistique des musiciens ayant participé à la vie du trio au long de la seconde moitié du xxe siècle.

L'exceptionnel contre-exemple, à opposer à ces réussites saluées avec les années comme de remarquables exploits collectifs, a été incarné par le trio composé de Sviatoslav Richter, David Oïstrakh et Mstislav Rostropovitch, trois artistes soviétiques cooptés par Herbert von Karajan en 1969 pour l'enregistrement du *Triple Concerto* de Beethoven avec l'Orchestre philharmonique de Berlin[3]. Une passionnante rencontre au sommet, un formidable "coup" médiatique qui a marqué les mélomanes par la renommée des personnalités ainsi réunies, et obtenu, malgré les réticences tardives du pianiste, un succès commercial sans précédent.

L'entreprise est restée néanmoins sans lendemain : les trois protagonistes ne se sont plus jamais retrouvés car David Oïstrakh est mort en 1974. Certes, Rostropovitch et Richter ont beaucoup joué ensemble et laissé des interprétations de légende, notamment des sonates de Beethoven. Quant aux deux Ukrainiens, Oïstrakh et Richter, ils ont également exercé

1. Philips.
2. Universal.
3. EMI Classics.

leur talent en commun, mais les trois "Russes" ne semblent pas avoir travaillé en trio en d'autres occasions, hormis les prestations plus occasionnelles que régulières du trio Gilels-Kogan-Rostropovitch, ce qui illustre bien les difficultés auxquelles ces artistes hors pair ont été confrontés dans la perspective de former le trio idéal. Soucis d'agendas, problèmes d'imprésarios, question d'ego ? Les raisons sont multiples et nous font regretter une fois de plus que Cortot, Thibaud et Casals n'aient pas eu l'occasion ou la volonté de graver en leur temps le concerto.

La discographie de ce concerto miracle a été jalonnée à l'heure du microsillon par quelques publications remarquables à l'initiative de musiciens venus aussi bien de l'Est que de l'Ouest. David Oïstrakh déjà, Stanislav Knouchevitski, Lev Oborine, en trio constitué, l'avaient enregistré à Londres en 1958 avec le Philharmonia Orchestra et Sir Malcolm Sargent[1]. Après eux, en 1964, le célèbre trio américain Isaac Stern-Leonard Rose-Eugene Istomin en donnait pour la Columbia[2] une brillante interprétation, accompagné par le Philadelphia Orchestra et son chef titulaire, Eugene Ormandy. La même année, le 6 octobre, Yehudi Menuhin et sa sœur Hephzibah, associés au violoncelliste Maurice Gendron, en offraient une magnifique version aux mélomanes du célèbre Festival de Bath avec le London Symphony Orchestra et István Kertész, version unique et inspirée, captée en direct depuis le Colston Hall de Bristol et diffusée trente ans plus tard par la BBC[3]. Ce

1. Warner Classics.
2. CBS.
3. BBC Legends 42522.

qui semble avoir été l'une des seules participations (sinon la seule) du grand violoniste à cette œuvre.

Plus près de nous, en 1995, trois héros de la musique de chambre, Daniel Barenboim (dirigeant du piano l'Orchestre philharmonique de Berlin) et ses amis Itzhak Perlman et Yo-Yo Ma, proposaient en *live*[1] leur interprétation de ce concerto, précédant de nombreux artistes plus jeunes, aguerris, comme les Wanderer[2], à l'exercice du trio avec orchestre, et ravis de se retrouver pour une telle fête musicale. Il faut rendre grâce à Beethoven d'avoir imaginé une partition aussi consensuelle malgré les réserves émises par quelques commentateurs grincheux.

Ce "grand concerto concertant pour pianoforte, violon et violoncelle avec accompagnement de deux violons, alto, flûte, deux hautbois, deux clarinettes, deux cors, deux bassons, deux trompettes, timbales et basse, composé et dédié à Son Altesse sérénissime le prince de Lobkowitz par Louis van Beethoven[3]" a été donné pour la première fois au printemps 1804 dans les salons du prince avec l'auteur au piano[4] associé au violoniste et compositeur Anton Wranitzky (1761-1820) et au violoncelliste Anton Kraft (1752-1820), tous deux membres de l'orchestre princier. La création publique de l'œuvre intervient

1. Warner Classics.

2. Harmonia Mundi HMG 502131. Avec le Gürzenich-Orchester Köln, dir. James Colon.

3. Cette dédicace en français figure sur la page de garde de la première édition de l'œuvre, déposée en 1808 au Bureau des arts et d'industrie à Vienne.

4. Cf. Élisabeth Brisson, *La Musique de Beethoven*, Paris, Fayard, coll. "Les Indispensables de la musique", 2005.

le 8 mai 1808. Tout porte à croire qu'aux côtés de Beethoven se trouvaient Ignaz Schuppanzigh (1776-1830), fidèle du compositeur et premier violon-chef de l'orchestre des Wiener Augarten-Konzerte ainsi que de l'orchestre du Kärntnertor Theater[1], et Josef Linke (1783-1836), violoncelle solo de l'orchestre, également destinataires des deux sonates opus 102 pour violoncelle de Beethoven. Schuppanzigh et Linke ont participé à la création des grands quatuors de Beethoven avec notamment les violonistes Karl Holz (1798-1858) et Josef Böhm (1795-1876) ainsi que l'altiste Franz Weiss (1778-1830). C'est cette phalange de premier plan, soutenue par le comte Andreï Razoumovski, qui a contribué, par la stabilité de ses formations, à fixer les normes interprétatives modernes de la musique de chambre. Il subsiste pourtant un doute quant à la distribution de la "première publique" du *Triple Concerto* opus 56. En effet, selon d'autres sources[2], la pianiste française Marie Kiéné (1786-1820), épouse de Paul Bigot de Morogues, aurait tenu la partie de piano en compagnie du violoniste Karl August Seidler (1778-1840), époux de Caroline Wranitzky, la fille d'Anton Wranitzky, et du violoncelliste Anton Kraft, ami de Mozart, de Haydn et de Beethoven, et membre du Quatuor Schuppanzigh.

Il est avéré par ailleurs que Schuppanzigh et Linke ont eu le privilège d'être les premiers interprètes en décembre 1808 des deux trios opus 70 de

1. Michael Umlauf (1781-1842) y dirige la première exécution de la *Neuvième symphonie* de Beethoven le 7 mai 1824, avec Ignaz Schuppanzigh, *Konzertmeister*.

2. Cf. Élisabeth Brisson, *op. cit.*, p. 331-334.

Beethoven, puis en avril 1814 du célèbre trio *"L'Archiduc"* opus 97 avec Beethoven au piano. Quelques années plus tard, en 1827, ce sont eux qui, les premiers, ont joué les deux trios de Schubert avec le jeune pianiste Carl Maria von Bocklet (1801-1881), Josef Böhm ayant remplacé Schuppanzigh lors d'exécutions ultérieures. On sait aussi qu'après la mort de Beethoven, Bocklet a souvent inscrit le *Triple Concerto* à ses programmes de concert, assisté de ses brillants collègues, le violoniste Josef Mayseder (1789-1863) et le violoncelliste Josef Merk (1795-1862).

Le XIXe siècle, tant en France qu'en Allemagne et en Autriche, dispose de ces ensembles à géométrie variable qui assurent des créations et maintiennent le répertoire au programme des concerts. Assurément, le trio pour piano, violon et violoncelle est devenu la formation star de l'époque romantique. Felix Mendelssohn est toujours à l'œuvre avec ses amis, le violoniste Ferdinand David (1810-1873) et le violoncelliste Karl Wittmann (1839-1903), pour la première audition de son second trio opus 66 à Leipzig, le 18 novembre 1843. Dopé par les œuvres de son mentor, Schumann trouve en lui les ressources pour composer entre 1847 et 1851 ses trois trios qui seront joués à Leipzig et à Dresde par Clara Schumann (1819-1896) et Ferdinand David, premier violon de l'orchestre du Gewandhaus de Leipzig, Franz Schubert (1808-1872)[1], le *Konzertmeister* de la Hofkapelle de Dresde, et Wilhelm Josef von Wasielewski (1822-1896), et des violoncellistes Friedrich August Kummer (1797-1879), Julius Rietz (1812-1877) et Christian Reimers (1827-1889).

1. Parfait homonyme du compositeur.

En France où le trio avec clavier a fait son apparition dès avant la Révolution[1], il a été recensé dans les catalogues d'éditeurs un nombre impressionnant d'œuvres répondant à la définition de cette formation de musique de chambre. Pour la plupart, ces compositions venues de l'étranger (principalement des arrangements d'œuvres de Mozart, de Haydn et de Beethoven) se présentent sous la forme de sonates pour piano et violon avec accompagnement de violoncelle *ad libitum*. Quelques partitions plus spécifiquement affectées au trio avec pianoforte font leur entrée dans les publicités d'éditeurs comme les duos *(sic)* pour piano, cor ou violon et violoncelle de Frédéric-Nicolas Duvernoy (1765-1838) ou les trios d'Henri-Joseph Taskin (1779-1852). Mais la véritable renaissance de la musique pour les trois instruments intervient à partir de 1820. C'est l'année de la publication par François Boieldieu (1775-1834) de son *Trio pour piano, violon et violoncelle obligé* opus 5, bientôt suivie des six grands trios de Friedrich Kalkbrenner (1785-1849), de la dizaine de trios de George Onslow (1784-1853), le "Beethoven français", puis du *Trio* opus 8 que Chopin joue en 1833, sans doute avec Pierre Baillot (1771-1842) – dont le Stradivarius a été acquis et joué par Jacques Thibaud –, et certainement avec son ami le violoncelliste Auguste-Joseph Franchomme (1808-1884). Le jeune César Franck (1822-1890) fait une apparition remarquée en compagnie de son frère Joseph en présentant en 1840 ses trois trios concertants opus 1, précédant de peu

1. Cf. Jean Gribenski, "Le trio avec clavier à Paris pendant la Révolution et l'Empire", *Revue de musicologie*, t. LXXIII, n° 2, Paris, 1987, p. 227-248.

Charles-Valentin Alkan (1813-1888), auteur d'un très original *Trio* opus 30 (1841). À la fin de la décennie 1830, trois artistes de renom, Franz Liszt, Chrétien Urhan (1790-1845) et Alexandre Batta, font sensation en offrant aux Parisiens l'exécution de l'ensemble des trios de Beethoven. À la suite de cette formation éphémère, les trois frères Batta, Laurent (1817-?), Joseph (1820-?) et Alexandre (1816-1902), reprennent le flambeau et poursuivent l'entreprise de popularisation de ces trios qui devaient inspirer ceux d'Henri Reber (1807-1880), de Louise Farrenc (1804-1875), de Théodore Gouvy (1819-1898) et de Camille Saint-Saëns dont l'excellent opus 18 est créé à Paris en 1864 par l'auteur, le bien oublié violoniste Joseph Telesinski (1833-1876) et le violoncelliste Émile Norblin (1821-1880). Une production nouvelle, ardemment défendue par des interprètes d'exception tels Raoul Pugno (1852-1914), Eugène Ysaÿe et Joseph Hollmann (1852-1927), les précurseurs du trio Cortot-Thibaud-Casals qui ont eux aussi interprété le trio de Saint-Saëns, vient, après 1870, alimenter à Paris les concerts de musique de chambre : Charles-Marie Widor (1844-1937 ; *Trio* opus 19, 1875), Ernest Chausson (1855-1899 ; *Trio* opus 3, 1881), Vincent d'Indy (1851-1931 ; *Trio* opus 29, 1888, dans lequel la clarinette remplace le violon), Alexis de Castillon (1838-1873, dont le *Trio* opus 4 n'a été créé qu'en 1893), Léon Boëllmann (1862-1897 ; *Trio* opus 19, 1895), tandis qu'en Allemagne Johannes Brahms se joint au violoniste Hugo Heermann (1844-1935), au violoncelliste Valentin Müller (1830-1905), ainsi qu'aux membres du Quatuor Hellmesberger pour la création en 1882 et 1886 de ses *Trios* opus 87 et 101. Anton Dvořák, de son côté, sera le propre interprète de ses trios et en particulier de son *Trio "Dumky"* créé à Prague en 1891. En Russie, le *Trio* de Tchaïkovski *"À la mémoire d'un grand artiste"* (Nicolas Rubinstein, 1835-1881) provoque dès ses premières auditions une extraordinaire émulation chez les jeunes compositeurs, parmi lesquels Rachmaninov (1873-1943), auteur de deux *Trios* "élégiaques" en 1892 et 1893, et Nikolaï Rimski-Korsakov (1844-1908) dont le *Trio* en *ut* mineur de 1897 rejoint par sa durée celui de Tchaïkovski.

Dans le foisonnement musical qui caractérise Vienne et Berlin au tournant du xxe siècle, quelques trios constitués commencent à se produire aux États-Unis et en Europe. Le trio éphémère composé de Josef Hofmann (1876-1957), de Fritz Kreisler (1875-1962) et Jean Gérardy (1876-1929) se fait entendre aux États-Unis. Le Trio Ferruccio Busoni (1866-1924), Eugène Ysaÿe, Hugo Becker (1864-1941), le Trio Artur Schnabel (1882-1951), Alfred Wittenberg (1880-1941), Anton Hekking (1866-1935), et le Trio Schnabel, Carl Flesch (1873-1944), Jean Gérardy tiennent le devant de la scène jusqu'en 1914. Sans exclusive toutefois, car Busoni joue aussi avec les frères Busch, Adolf (1891-1952) et Hermann (1897-1975), tous deux associés à Rudolf Serkin (1903-1991) dès 1920. Quant à Artur Schnabel, bientôt remplacé par Arthur Rubinstein (1887-1982), il se produit avec Jasha Heifetz (1901-1987) et Emanuel Feuermann (1902-1942) auquel succède Gregor Piatigorsky (1903-1976), la Grande Guerre puis l'arrivée de Hitler ayant entraîné l'exil de ces personnalités vers l'Angleterre et les États-Unis.

Compositeurs pour certains d'entre eux, ces interprètes de réputation internationale se réunissent généralement pour jouer leurs œuvres, celles de leur temps ainsi que les grandes pages du répertoire, les trios de Beethoven notamment. Ce sont ces artistes qui ont suscité chez Alfred Cortot, Jacques Thibaud et Pablo Casals l'irrésistible envie d'inscrire leurs noms dans la grande aventure de la musique de chambre. Cortot, Thibaud et Casals, par l'exemple de leur entente et de leur unité musicale, ouvrent la voie aux grands trios du XXe siècle, comme le Trio di Trieste dont la carrière s'est déroulée de 1933 à 1995 avec plus de trois mille concerts à son actif, l'éphémère Trio BBN – Joseph Benvenuti (1898-1967), René Benedetti (1901-1975) et André Navarra (1911-1988) – qui se produit à Paris dès 1941, et le Trio Wilhelm Kempff (1895-1991), Henryk Szeryng (1918-1988), Pierre Fournier (1906-1986) – le remplaçant de Pablo Casals dans la formation du Trio Cortot-Thibaud à partir de 1942 –, ainsi que le Trio Hephzibah Menuhin, Yehudi Menuhin, Maurice Gendron à partir des années 1960. Le souvenir sonore de toutes ces associations de musiciens subsiste aujourd'hui grâce au disque et aux enregistrements de concerts, précieusement conservés dans les archives des radios d'État ou de stations privées. Le recensement de l'activité de tous ces instrumentistes permet de jeter un regard transversal sur l'histoire du trio avec piano et fait apparaître à grande échelle la formidable vitalité de la musique de chambre en Europe au XIXe et au XXe siècle. Certes, bien d'autres musiciens ont contribué au succès du genre. Pour la plupart, ils l'ont fait dans l'ombre, avec l'estime des compositeurs et la satisfaction de participer à une entreprise artistique exigeante et souvent peu rentable. Les journaux d'époque rendent compte de leur abnégation extraordinaire. Aujourd'hui comme hier, la vie des ensembles, et celle des trios en particulier, est toujours rythmée par les tournées et les enregistrements. Leurs membres sont souvent appelés à enseigner, la transmission du savoir-faire et du savoir-interpréter constituant l'élément-clé de la formation des jeunes artistes. En ce sens, ils rejoignent les conceptions d'Alfred Cortot qui était passé maître dans la discipline pédagogique, comme l'attestent ses cours d'interprétation. L'intergénérationnalité joue donc un rôle essentiel dans le domaine de la musique de chambre. Les master classes estivales qui se multiplient au sein d'académies réputées en sont la meilleure preuve. Ainsi, dans la longue lignée menant des premiers interprètes de Haydn ou Beethoven jusqu'aux formations d'aujourd'hui, le Trio Cortot-Thibaud-Casals, héritier de certains grands ancêtres et ayant suscité de nombreux émules, joue en quelque sorte un rôle de pivot ; tout à la fois association de trois virtuoses célèbres et ensemble régulier, parfois imité mais sans doute jamais égalé, il occupe dans l'histoire une place unique, comme en témoigne le succès qui l'accompagne dès les premières années de sa carrière.

V

"JOIE D'AMITIÉ ET DE MUSIQUE!"
LA PREMIÈRE ÉPOQUE DU TRIO
(1906-1914)

Le concert du 25 mai 1906, puis les répétitions de l'été suivant préludent à la première période d'activité du Trio, qui s'étend surtout sur quatre saisons. De 1906 à 1910, Cortot, Thibaud et Casals donnent en effet cent sept concerts : dix-huit en 1906-1907, trente-cinq en 1907-1908, trente en 1908-1909 et vingt-trois en 1909-1910. Ces multiples prestations constituent une part importante de leurs carrières respectives : les agendas d'Alfred Cortot et de Jacques Thibaud nous apprennent que les apparitions en trio représentent, pour l'un comme pour l'autre, près de la moitié des concerts en 1907-1908 (saison la plus prolifique). En dépit des sollicitations que chacun reçoit en tant que soliste, ils trouvent donc à cette époque le temps et l'envie nécessaires pour consacrer plusieurs semaines par an à la musique de chambre.

Quatre saisons très intenses (1906-1910)

L'organisation de leurs concerts varie très peu durant ces quatre premières années[1]. Les apparitions sur les

1. Voir la liste chronologique des concerts en annexe, p. 211-238.

scènes parisiennes, tout d'abord, se concentrent aux deux extrémités de la saison. Chaque année (sauf en 1908-1909), Cortot, Thibaud et Casals s'y produisent une première fois, le plus souvent à l'automne (concerts du 18 décembre 1906, des 5, 8 et 12 novembre 1907, du 8 mars 1910), sous les auspices de la Société philharmonique de Paris. Cette société a été fondée en 1901 par des amateurs fortunés (notamment le docteur Marc Frenkel, le baron Emmanuel Rey et l'écrivain Louis de Morsier), avec l'intention d'"apporter dans le domaine de la musique de chambre en France la nouveauté que les concerts Pasdeloup ont jadis apportée dans le domaine des concerts symphoniques[1]". En d'autres termes, elle entend faire mieux connaître le répertoire chambriste, jusque-là négligé à Paris, en organisant chaque saison une douzaine de séances de trios, de quatuors ou de récitals de chant. Elle attire le public en jouant sur le vedettariat : d'abord à la salle des Agriculteurs, puis, à partir de 1905, dans une salle Gaveau flambant neuve, elle accueille les prestations des plus célèbres musiciens français, mais aussi étrangers, tels que le pianiste Eugen d'Albert, le violoniste Joseph Joachim, le Quatuor Rosé ou encore la cantatrice Therese Behr, qu'accompagne son mari Artur Schnabel ; ce dernier s'y produit aussi en trio avec le violoniste Alfred Wittenberg et le violoncelliste Anton Hekking (le 17 novembre 1903). Les membres du Trio apparaissent dans ses programmes dès l'origine : avant de s'y produire avec ses camarades, Cortot participe ainsi à son concert inaugural, le 22 novembre 1901. Par la suite, la constellation Cortot-Thibaud-Casals trouve

1. *Le Ménestrel*, 10 novembre 1901, p. 360.

naturellement sa place dans sa prestigieuse programmation : c'est la Société philharmonique qui organise, le 18 décembre 1906, leur premier "vrai" concert (avec pour la première fois un programme entier en trio).

Les autres concerts à Paris ont toujours lieu en mai ou en juin, une fois que chacun a achevé ses tournées. Ces retrouvailles deviennent une habitude (avec laquelle le Trio renouera dans les années 1920), permettant de célébrer ensemble la clôture de la saison des concerts et l'arrivée des vacances. Elles ont pour cadre exclusif la salle des Agriculteurs, située au 8, rue d'Athènes : celle-ci est la propriété de la Société des agriculteurs de France, et est d'abord destinée à abriter les congrès de cette association agronomique ; elle accueille cependant dès son inauguration en 1893 des séances de musique de chambre, pour lesquelles elle offre, de par ses dimensions, des conditions idéales. Le Trio y donne deux ou trois concerts chaque printemps de 1907 à 1910. Les deux premières années, ces concerts sont organisés par la Société musicale de Gabriel Astruc, puis, à partir de l'année suivante, par le Bureau de concerts Dandelot, qui représente le Trio jusqu'à la Grande Guerre[1].

Aux deux rendez-vous réguliers que constituent les séances à la Société philharmonique et celles de la salle des Agriculteurs, viennent s'ajouter quelques autres prestations parisiennes : une séance privée, en juin 1907, dans le salon du député (républicain

1. Ce Bureau est fondé en 1896 par le critique Arthur Dandelot (1864-1943), qui devient l'un des principaux organisateurs de concerts français. C'est parce que Thibaud entre dans son "écurie" que le Trio lui confie à cette date ses intérêts.

conservateur) James de Kerjégu, une invitation aux Concerts-Colonne (16 février 1908) et deux concerts destinés à défendre l'œuvre du compositeur Emánuel Moór, dont s'est passagèrement entiché Casals (28 février 1908 et 15 juin 1909).

À la même période, le Trio accomplit en outre chaque printemps (en avril-mai) une tournée en province en une dizaine d'étapes. Parmi celles-ci figurent toujours les plus grandes villes, que caractérise une vie musicale importante : Lyon, Marseille, Bordeaux (la patrie de Thibaud) et Lille (où Cortot a alors des attaches musicales[1]). Néanmoins, le Trio ne dédaigne pas des cités de moindre importance (par exemple Dijon, Nancy, Reims ou Grenoble), avec une prédominance de l'ouest de la France, visité chaque année, et de nombreux concerts à Rouen, Le Havre, Nantes, Angers, Le Mans et Tours. Cela vient du fait que, pour ces tournées, Cortot, Thibaud et Casals font appel à un autre imprésario, Paul Boquel (1877-1931), qui, avant de s'établir à Paris, a entamé sa carrière à Angers ; l'essentiel de son activité demeure orientée vers la province, où les grands solistes de l'époque se produisent plus fréquemment que ceux d'aujourd'hui.

Enfin, dès sa première saison, le Trio rayonne au-delà des frontières françaises, avec une tournée à Bruxelles (trois concerts) et Anvers en février 1907. La Belgique est presque une seconde patrie : Cortot, Thibaud et Casals s'y produisent ensuite chaque année entre janvier et mars, à Anvers, Liège, Gand, et

1. Il est à cette époque le chef de l'Association des concerts symphoniques de Lille, où il invite d'ailleurs Casals et Thibaud à se produire sous sa direction (Guy Gosselin, *op. cit.*).

surtout dans la capitale (jusqu'à cinq fois en 1909), où ils sont invités par leur ami Ysaÿe[1].

D'autres pays sont visités à partir de 1907-1908, toujours au début du printemps : en mars 1908, le Trio joue à Mulhouse (alors allemande), en Italie (Milan et Bologne) et en Suisse (Neuchâtel, Lausanne, Genève et Vevey) ; le mois suivant, il donne trois concerts à Madrid. Il retourne en Espagne en avril 1909 pour une importante tournée de neuf concerts : il est précédé, dans ce pays où Cortot dira que "la vie musicale était encore à sa naissance[2]", par la réputation qu'y possède déjà Casals. De l'Allemagne, le Trio ne connaît que l'Alsace et Francfort, où il se rend chaque année à partir de 1909, à l'invitation de la prestigieuse Société du Muséum[3], et où les programmes le désignent sous le nom de *Pariser Trio* ("Trio parisien"). Aux Pays-Bas n'ont lieu que trois concerts, deux au casino de l'élégante station de Scheveningen à l'été 1910 (les cités balnéaires et villes d'eaux de la Belle Époque étant le théâtre d'une vie musicale intense durant la "saison"), l'autre à La Haye le 21 avril 1911, dans le cadre d'un exceptionnel cycle Beethoven[4]. Curieusement, le Trio ignore à cette époque la Grande-Bretagne, où il remportera de grands succès dans les années 1920.

Au total, Cortot, Thibaud et Casals ne se produisent ensemble, au cours de cette première époque,

1. La Société des Concerts-Ysaÿe est fondée à Bruxelles par le violoniste en 1894.
2. ERL, IX.
3. Fondée en 1808, cette société organise des concerts où se sont produits, entre autres, Brahms et Richard Strauss.
4. Toute l'œuvre de Beethoven y est donnée en l'espace d'un mois ("Un festival Beethoven à La Haye", *Gil Blas*, 4 avril 1911, p. 4).

que dans six pays européens. Pourtant, leurs carrières individuelles atteignent à cette époque des horizons beaucoup plus vastes, puisque Casals et Thibaud sont connus en Amérique, tandis que Cortot sillonne l'Europe jusqu'en Russie. Selon toute apparence, cette dimension internationale relativement réduite est due à un problème qui croît au même rythme que la réputation des trois artistes : la difficulté de laisser dans leurs agendas respectifs une place suffisante au Trio.

Une raréfaction des concerts à partir de 1910

C'est la raison essentielle qui explique la diminution spectaculaire de l'activité du Trio à partir de 1910-1911. Jusqu'à la Grande Guerre, soit durant quatre saisons, il ne donne en effet que treize concerts, contre cent sept lors de la période précédente : quatre en 1910-1911, cinq en 1911-1912, deux en 1912-1913 et 1913-1914. Cortot, Thibaud et Casals sont aspirés par le rythme frénétique de leurs activités solistes. La carrière du premier, jusque-là surtout française, prend son essor international, avec désormais une trentaine de concerts à l'étranger par saison. Les autres sont encore plus actifs : en 1912-1913, Thibaud apparaît dix-neuf fois en Grande-Bretagne, onze en Allemagne, six fois en Suisse et en Autriche-Hongrie, cinq en Belgique, deux en Pologne russe, en Roumanie et aux Pays-Bas, ainsi, bien sûr, que de nombreuses fois en France ; la saison suivante, il accomplit une tournée aux États-Unis, la première depuis la formation du Trio. Le rythme est identique pour Casals qui, en octobre 1911, adresse à Cortot la lettre suivante :

Cher Fred,

Je suis à Paris depuis ce matin. Nous devons nous absenter cet après-midi, mais je serais très heureux de te voir s'il y a moyen avant ton départ. Je serai à la maison demain toute la journée, à moins que tu me donnes rendez-vous en ville. Où est Jacques ?

Merci pour les programmes. Quelles Variations *de Beethoven, celles en* mi *bémol ou celles en* fa *? Je serai à Francfort le 22 après-midi [...] et partirai après le concert pour Lausanne ; je ne crois pas que je puisse souper avec les S. Je t'embrasse. Pablo*[1].

Ces lignes sont révélatrices des relations qui règnent alors au sein du Trio. Des rumeurs de dissensions ont un temps couru dans Paris, de manière assez persistante pour que la presse s'en fasse l'écho[2], mais le ton chaleureux de la lettre indique que l'affection est intacte. En revanche, chacun est bien accaparé par sa vie itinérante : Cortot et Casals ne se trouvent ensemble à Paris que pour une journée, tandis que Thibaud est en tournée au loin (en Grande-Bretagne d'après son agenda). Le Trio ne peut plus donner que de rares concerts : pour celui prévu le 23 octobre à Francfort, Casals dit qu'il

1. MMM-AC, lettre de Pablo Casals à Alfred Cortot, 15 octobre 1911.

2. "Que je coupe les ailes à un vilain canard : le trio ne se dissout point. [...] Il n'y a pas un ensemble à comparer à ce trio ; sa disparition eût été un crime de lèse-musique" (Paul de Stoecklin, "Trio Cortot-Thibaud-Casals", *Le Courrier musical*, 15 juin 1910, p. 475).

n'arrivera que la veille, et qu'il repartira sans souper avec ses amis. De même, c'est par lettre qu'ils établissent les programmes : ce sont finalement les *Variations* pour piano et violoncelle en *fa* de Beethoven (opus 66) que joueront Casals et Cortot lors du concert parisien du 19 décembre, probablement sans avoir pu les répéter.

À partir de 1910-1911, les trois artistes n'ont donc plus la possibilité matérielle de préparer et de mener des tournées en commun. Néanmoins, et c'est là un autre signe du maintien de bonnes relations, ils se produisent souvent à deux, à défaut de pouvoir le faire davantage à trois. Thibaud et Cortot forment le duo le plus actif, sans doute parce qu'ils fréquentent de longue date le répertoire pour violon et piano : de 1910 à 1914, ils jouent une ou deux fois par saison à Paris, en Allemagne et à Londres ; au printemps 1913, ils accomplissent même une tournée en province, renouant ainsi, mais sans violoncelliste, avec la tradition des voyages du Trio. Cortot et Casals donnent au moins deux concerts ensemble, l'un à Francfort (15 mars 1912), l'autre à la Société philharmonique de Paris début 1914. Enfin, Thibaud et Casals se retrouvent parfois autour du *Double Concerto* de Brahms et, entre 1911 et 1913, donnent quelques concerts en trio en Grande-Bretagne avec Harold Bauer au piano[1].

Les quelques réunions à trois qui perdurent s'organisent parfois à la dernière minute, la joie de se retrouver et l'intérêt du public méritant bien quelques arrangements. Ainsi, Thibaud décide, quelques

1. Tully Potter, "A Trinity of Greatness", *Classical Recording Quarterly*, été 2012, p. 21.

jours avant seulement, de transformer son récital du 19 mai 1911 en séance de trio[1]. L'année suivante (10 mai 1912), Cortot s'invite impromptu salle Gaveau pour diriger ses amis dans le *Double Concerto* de Brahms (en remplacement de Louis Hasselmans). D'autres prestations sont prévues plus en avance, mais l'on observe que, pour certaines d'entre elles (concerts des 19 décembre 1911, 28 janvier 1913 et 12 mars 1913), des sonates en duo (piano-violon ou piano-violoncelle) complètent le programme, sans doute parce que le Trio n'a pu répéter suffisamment.

Pour l'essentiel, Cortot, Thibaud et Casals se produisent alors dans des lieux où ils ont leurs habitudes : huit des treize concerts donnés entre 1910 et 1913 ont lieu soit à la Société philharmonique (cinq fois), soit à la Société du Muséum de Francfort (trois fois). Néanmoins, pour leurs traditionnels concerts parisiens de fin de saison, ils font appel en 1912 à une institution concurrente de la Société philharmonique, le Cercle musical de Paris. Fondé en 1906 par Charles Domergue, un jeune violoniste et compositeur, le Cercle musical entend lui aussi promouvoir la musique de chambre dans la capitale. Il parvient à attirer le Trio au prix d'un effort financier important : chacune des deux séances (24 et 31 mai 1912) rapporte 4000 francs aux artistes, contre 3000 pour le concert donné à la Société philharmonique en 1911 ; l'année suivante, la Société philharmonique l'emporte de nouveau en proposant un cachet de 4050 francs par concert.

Une caractéristique essentielle des derniers concerts du Trio avant la Grande Guerre réside en effet dans

1. *Le Gaulois*, 17 mai 1911, p. 3.

leur prix, au sens le plus concret du terme[1]. De 1910 à 1913, chaque prestation en commun rapporte en moyenne 1 085 francs à chacun des musiciens (qui se partagent toujours la recette en parts égales). Par comparaison, Cortot gagne à la même époque environ 653 francs par concert lorsqu'il joue sans Thibaud et Casals. De même, le gain moyen était de 428 francs par concert et par musicien pour les vingt et un concerts donnés en 1909-1910 : le prix du Trio connaît donc une forte inflation à mesure que ses prestations se raréfient, et de tels cachets ne sont supportables que pour des institutions aussi prestigieuses que les sociétés parisiennes ou celle du Muséum de Francfort (où le Trio passe significativement de la petite à la grande salle à partir de 1911). Lorsqu'ils s'efforcent de trouver des dates pour jouer ensemble, Cortot, Thibaud et Casals concilient donc, en hommes d'affaires avisés qu'ils sont, le plaisir des retrouvailles et le profit financier.

Survol d'un répertoire

Sur un plan plus artistique, le Trio adopte dès ses premières saisons un répertoire qui ne variera guère au long de son existence. Deux compositeurs y occupent une place prépondérante. Le premier d'entre eux est Robert Schumann, dont l'intégrale des trois trios est

1. Les chiffres qui suivent sont calculés à partir des gains portés par Cortot dans ses agendas. Rappelons, pour mesurer l'ampleur des cachets du Trio, que le revenu annuel moyen d'un ouvrier en 1910 est de 1 291 francs (Thomas Piketty, *Les Hauts Revenus en France au XXe siècle : inégalités et redistribution, 1901-1998*, Paris, Grasset, 2001, p. 679).

un des programmes fétiches du Trio, qui le donne quatre fois à Paris (16 mai 1908, 14 mai 1909, 8 mars 1910 et 31 mai 1912) et une fois à Bruxelles (7 mars 1910). Hors intégrale, le *Trio n° 1* (en *ré* mineur), avec lequel a débuté le Trio en mai 1906, est joué lors de la plupart des concerts de la première saison (1906-1907), puis repris de temps à autre par la suite. Il est cependant supplanté par le *Trio n° 3* (en *sol* mineur), donné une quinzaine de fois entre 1910 et 1913 ; le *Trio n° 2* (en *fa* majeur) n'apparaît en revanche qu'une fois isolément (31 mai 1910).

Beethoven est l'autre pierre angulaire : l'intégrale, en trois séances, des trios et variations est donnée une première fois à Paris (5, 8 et 12 novembre 1907), une seconde fois à Bruxelles (12, 13 et 14 janvier 1909). Les pièces jouées isolément sont surtout les trois grands trios de la maturité, à savoir les deux de l'opus 70 (en *ré*, dit *"des Esprits"*, et en *mi* bémol) et le célèbre *Trio* en *si* bémol *"L'Archiduc"* : chacun est joué presque chaque saison, et plus d'une dizaine de fois au total sur la période 1906-1913. Les trios de l'opus 1 apparaissent beaucoup moins (une fois chacun pour les deux derniers, jamais pour le premier), mais le Trio apprécie en revanche les *Variations "Kakadu"* opus 121a, bien davantage que celles de l'opus 44. Enfin, Beethoven permet au Trio de faire entendre une rareté, les *Chants écossais* opus 108 (pour lesquels ils s'adjoignent le concours de la soprano Povla Frijsh[1] le 27 mai 1910), et leur offre surtout la seule œuvre concertante du répertoire classique adaptée à leur formation : le *Triple*

1. La soprano danoise Povla Frijsh – ou Frisch (1881-1960) – fait carrière à Paris puis aux États-Unis.

Concerto opus 56. Celui-ci est donné à de nombreuses reprises au cours de l'année 1908 (à Paris et lors de la tournée en Belgique et en Suisse), puis repris l'année suivante à Bruxelles.

En dehors de Schumann et Beethoven, dont ils explorent la totalité de l'œuvre pour trio, Cortot, Thibaud et Casals adoptent quelques morceaux d'autres compositeurs, qui, à force de revenir dans leurs programmes, deviennent de véritables "signatures" ; ce sont ces mêmes œuvres qui seront enregistrées après la Grande Guerre. Parmi elles figure le *Trio n° 1* de Schubert, qui fait son apparition dès le deuxième concert (18 décembre 1906) et qui est donné encore trois fois à Paris les années suivantes (10 juin 1907, 24 mai 1910 et 19 décembre 1911), ainsi qu'à l'étranger et en province. L'attachement du Trio à cette page s'explique peut-être par la valeur sentimentale qu'elle revêt aux yeux de Thibaud, à qui elle évoque le décès de son frère Hippolyte[1]. Cela ne dit néanmoins pas pourquoi lui et ses partenaires négligent le *Trio n° 2*, joué une seule fois (31 mai 1910), et jamais repris par la suite. La pièce n'était certes pas aussi célèbre qu'elle l'est aujourd'hui, et peut-être ses "divines longueurs" ont-elles déplu au public parisien. Mais l'unique exécution donnée par le Trio fut-elle insatisfaisante au point qu'il abandonne pour toujours ce chef-d'œuvre ?

Toujours est-il que Cortot, Thibaud et Casals procèdent de la même façon en ce qui concerne les deux trios de Mendelssohn, en accordant une nette préférence au premier (en *ré* mineur), joué une quinzaine de fois (notamment en 1907-1908), contre

1. Jean-Pierre Dorian, *op. cit.*, p. 61.

une seule fois pour le second (en *ut* mineur), il est vrai moins connu.

Dernière œuvre favorite enfin, un unique trio de Haydn, le numéro 39 (Hob. XV.25) en *sol*, rendu populaire par son *Rondo all'ongarese*. La partie de violoncelle ne permet guère à Casals de s'illustrer, mais les rythmes tziganes du fameux finale garantissent de beaux effets : l'œuvre est donc la plus jouée par le Trio (plus d'une trentaine de fois), le *Rondo* étant aussi souvent donné en bis.

On peut aussi observer que le Trio défend avec constance l'œuvre de Brahms, ce qui suppose une certaine abnégation lorsqu'on s'adresse au public français de l'époque (le compositeur restant peu joué et peu apprécié en France jusqu'aux années 1950-1960) : les trois trios apparaissent fréquemment, avec une préférence pour le dernier (en *ut* mineur). En outre, le *Double Concerto* opus 102 est souvent associé au *Triple Concerto* de Beethoven lors des concerts avec orchestre.

Avec Brahms, comme avec les compositeurs cités précédemment, Cortot, Thibaud et Casals se font donc les champions d'un répertoire germanique classique et romantique, qui prédomine également dans leurs programmes solistes (à un degré moindre chez Thibaud), et qu'on entendait alors parfois peu en France. En ce qui concerne la musique française, ils programment un minimum d'œuvres de leurs compatriotes, comme pour se montrer dignes du nom de *Pariser Trio* qu'on leur décerne en Allemagne et ailleurs. Ainsi, le *Trio* opus 1 n° 1 de Franck (compositeur prisé par Cortot) est souvent joué en 1906-1907, mais cette œuvre de jeunesse est ensuite presque totalement abandonnée.

Les trios de Saint-Saëns apparaissent respectivement quatre fois pour le premier et une fois pour le second, ce dernier remplaçant à la dernière minute le *Trio* de Lalo, annoncé dans un premier temps au programme du 13 mai 1908, mais que le Trio n'a sans doute pas eu le temps ni l'envie de travailler. Au total, la musique française n'occupe qu'une place réduite, probablement parce que les interprètes n'y trouvent pas d'œuvres qui les satisfassent vraiment ; les compositions à venir de Fauré et surtout de Ravel viendront en partie combler cette lacune après 1918.

À tout cela s'ajoutent des œuvres que le Trio n'aborde qu'exceptionnellement (une ou deux fois sur toute la période) : les concerts donnés à Paris en mai 1908, puis à Madrid en avril 1909, voient ainsi des incursions dans la musique ancienne, avec l'adaptation de pièces de Corelli et de Rameau. De Mozart n'apparaissent que deux trios, en *mi* K. 542 (joué deux fois) et en *sol* K. 564 (une fois) : Cortot ne partage guère le goût de Thibaud et Casals pour le compositeur ; en outre, la forme trio n'est pas celle où Mozart s'exprime le mieux, et ces pages présentent peu d'intérêt pour le violoncelliste. On relèvera aussi trois occurrences du *Trio "Dumky"* de Dvořák, et une incongruité qui avait jusqu'ici échappé aux historiens du Trio Cortot-Thibaud-Casals : l'exécution, lors du dernier concert avant la guerre, du *Trio "À la mémoire d'un grand artiste"* de Tchaïkovski. La date de cette séance donnée à Francfort permet de comprendre pourquoi les musiciens ont choisi, pour la première et la dernière fois, de programmer cette œuvre difficile (notamment pour le pianiste) : le 7 novembre 1913 coïncide en effet presque exactement avec le vingtième anniversaire de la mort du compositeur (le 6 novembre 1893).

Le répertoire du Trio accueille enfin un compositeur beaucoup moins célèbre que les précédents, et qui est aussi le seul qui lui est contemporain (avec Saint-Saëns) : Emánuel Moór (1863-1931). Casals raconte dans ses souvenirs avoir rencontré vers 1907 ce musicien hongrois, dont l'œuvre abondante lui fait penser à l'"explosion créatrice d'un Haydn ou d'un Boccherini[1]". Enthousiaste, il presse alors tous ses amis de jouer, comme il le fait lui-même, les compositions de celui qu'il considère comme un authentique génie, mais que dessert un caractère particulièrement peu amène : Thibaud donne ainsi à plusieurs reprises son *Concerto* pour violon. C'est également à la demande de Casals que Moór écrit un *Triple Concerto* (opus 70) en 1907 ; en dépit de leur scepticisme, Thibaud et Cortot sont d'accord pour travailler cette œuvre en présence du compositeur lors de leurs répétitions estivales. Durant celles-ci, le caractère de Moór déclenche quelques incidents, tandis que les souvenirs de Casals font état d'une tension palpable entre lui et ses partenaires. En définitive, Cortot n'accepte de jouer le *Triple Concerto* qu'à la condition de revoir lui-même une partie de piano qu'il juge injouable. L'œuvre est finalement créée le 28 novembre 1907 à Montreux (avec Ernest Ansermet), puis à Paris le 28 février suivant, sous la baguette de Hasselmans. D'après Casals, ces concerts auraient été des succès, mais la critique de l'époque se montre en réalité indifférente, voire négative. Il raconte aussi que ses partenaires, revoyant leur jugement, lui auraient alors

1. J. M. Corredor, *op. cit.*, p. 127.

fait part de leur complète admiration, mais on peut penser que le violoncelliste a pris pour de l'enthousiasme ce qui n'était qu'une manifestation de politesse. Toujours est-il que le Trio délaisse l'œuvre au bout de quatre exécutions seulement. Casals et Moór ne se découragent pas, puisqu'un *Trio* (opus 81) est composé l'année suivante, et créé le 15 juin 1909 à la salle Pleyel, lors d'une séance présentée comme une bataille devant imposer les œuvres du compositeur au public et à la critique, tous deux réticents[1]. Ce combat n'est pas victorieux : Cortot, Thibaud et Casals ne redonneront jamais ce *Trio*, et la fièvre suscitée par l'éphémère "affaire Moór" retombe bientôt. Sans que son orgueil lui permette de l'avouer, Casals semble s'être convaincu qu'il n'était pas sage de vouloir imposer à ses partenaires une œuvre qui les laisse aussi tièdes que presque tous leurs contemporains. Les deux seules créations assurées par le Trio ne sont donc pas des succès, et ces pages écrites pour lui sont aujourd'hui tombées dans l'oubli.

Le Trio au travail : répétitions et tournées

En définitive, Cortot, Thibaud et Casals bâtissent entre 1906 et 1910 un répertoire relativement important (si l'on considère qu'il ne se construit qu'en l'espace de quatre saisons), et qui demeure ensuite presque inchangé : l'unique interprétation du *Trio* de Tchaïkovski est la seule nouveauté des années 1910-1914, et l'après-guerre ne verra qu'un renouvellement très limité.

1. "L'Affaire Moór", *Gil Blas*, 11 juin 1909, p. 3.

Par conséquent, les premières années sont aussi celles où le Trio travaille le plus. Les répétitions nécessaires à la mise au point des programmes ont surtout lieu en été, seule période où l'interruption des tournées permet aux trois virtuoses de se retrouver durablement. Le moment fondateur qu'a été le séjour au château des Vives-Eaux en 1906 se reproduit les années suivantes dans les mêmes conditions. En 1907, les Cortot, les Blum et Marie-Laure Meyer établissent leur villégiature au Val Changis, une propriété située à Avon, près de Fontainebleau, et la première chose qu'ils y font est de faire installer un grand Pleyel dans le pavillon du jardin. Selon Constance Coline, "c'est au Val Changis que Thibaud et Casals restèrent le plus longtemps pour préparer les séances de l'hiver suivant[1]" : l'endroit abrite notamment les séances, parfois orageuses, dédiées au *Triple Concerto* de Moór. Les réunions sont moins nombreuses l'été suivant, alors que Cortot et ses amis séjournent près de Chartres, et plus tard, en 1911, Casals ne fait plus que "quelques apparitions" à Saint-Jean-de-Luz, où se sont installés ses deux partenaires[2]. Toutefois, des répétitions ont également lieu à Paris, notamment à Auteuil, chez le violoncelliste.

Quelques témoignages permettent de lever le voile sur ces séances au cours desquelles le Trio élabore ses interprétations. Cortot en fait ainsi cette description en 1960 :

> Nous n'avons jamais eu une répétition à laquelle on dit "il vaudrait mieux faire cette nuance, ou il

1. Constance Coline, *op. cit.*, p. 69.
2. *Ibid.*, p. 140.

> faudrait prendre ce tempo plus lent". Nous avons toujours d'instinct obéi à ce que nous sentions chacun, tout en essayant d'en faire un bloc homogène, gardant chacun notre personnalité, notre individualité et notre prétention musicale. [...] Nous avons lu les choses, nous les avons rejouées pour nous, mais pour nous-mêmes. Et ce qui nous guidait, et ce qui a fait l'unification de notre interprétation, c'est un amour commun de la musique[1].

Peut-être la distance des années le conduit-elle à enjoliver ses souvenirs, notamment lorsqu'il affirme aussi qu'il n'y eut jamais "de tiraillements ou de discussions", puisque les séances consacrées à Moór provoquent au contraire de vives tensions. Mais sans doute cette "affaire" est-elle une exception, dans la mesure où il s'agit du seul cas où l'un d'eux (en l'occurrence Casals) cherche à imposer ses choix à ses partenaires.

Pour le reste, le tableau que dépeint Cortot concorde avec ce que l'on peut savoir par ailleurs du travail du Trio. Les répétitions ont lieu pendant les vacances, dans une atmosphère familiale et détendue : en 1907, Thibaud vient en compagnie de son épouse retrouver la bande d'amis de Cortot, tandis que Casals est avec sa compagne, la volcanique Guilhermina Suggia[2] ; parties de billard, parties de tennis, parties de plaisir entrecoupent les répétitions, avec Thibaud dans le rôle du boute-en-train.

1. Entretien avec Maryvonne Kendergi, 13 juillet 1960, Société Radio-Canada.

2. La violoncelliste portugaise Guilhermina Suggia (1885-1950) vit avec Casals de 1906 à 1912.

De même, lorsqu'ils travaillent chez Casals, les trois amis n'oublient jamais d'interrompre leurs séances pour se livrer à leur sport favori : élève de Cortot au Conservatoire, la pianiste Magda Tagliaferro se souvient d'avoir été, vers 1908, "adoptée paternellement pour constituer un quatuor extra-musical, dont les exécutions publiques se limitaient au court de la rue Chardon-Lagache[1]".

Certes, la mise au point de la quinzaine d'œuvres formant le cœur de leur répertoire ne peut être que le produit d'un labeur approfondi : tous trois sont des artistes particulièrement sérieux et avisés, et accordent une grande importance au travail (surtout Cortot et Casals). Si les concerts se font moins nombreux après 1910, c'est probablement parce que ces indispensables séances préparatoires ne peuvent plus avoir lieu. Cependant, l'ambiance chaleureuse dans laquelle elles prennent place influe sur les répétitions elles-mêmes, durant lesquelles les discussions sont peu nombreuses et le plaisir de jouer essentiel : "Nous nous comprenions parfaitement bien sur le plan musical et nous formions une équipe remarquable – non seulement professionnellement mais affectivement[2]", raconte ainsi Casals, faisant écho à "la compréhension instinctive" et à "l'amour commun de la musique" dont parle Cortot. En fin de compte, il ne semble pas y avoir de réelle solution de continuité entre les séances informelles ayant précédé la naissance du Trio et les répétitions qui se déroulent après sa formation.

1. Bernard Gavoty, *Alfred Cortot*, Paris, Buchet-Chastel, 1977, p. 117.
2. Pablo Casals, *op. cit.*, p. 87.

C'est également sur un mode amical que le Trio élabore avec ses agents le calendrier des concerts. En 1907, Thibaud invite ainsi Astruc à venir passer une journée au Val Changis : "Casals sera des nôtres, nous pourrons parler des séances et le billard de Cortot en verra de dures[1] !" écrit-il à l'organisateur des premiers concerts parisiens ; lors des tournées en province, Boquel est lui aussi traité comme un ami. Néanmoins, là non plus, la chaleur de l'atmosphère n'entre pas en contradiction avec le sens des affaires, puisque, nous l'avons vu, le Trio sait parfaitement tirer un parti financier de sa notoriété et obtenir des cachets importants.

Le même état d'esprit règne lorsque le Trio est en tournée : "Que de voyages à travers l'Europe ! Quelle joie – joie d'amitié et de musique[2] !" s'exclame ainsi Casals en 1955. Amitié et musique sont ainsi associées au fil de chacune des étapes qui jalonnent la route du Trio. Toujours avide d'enrichir sa culture, Cortot entraîne ses amis dans les musées (notamment en Espagne), tandis que les voyages en train ou les soirées à l'hôtel sont occupés par d'interminables parties de cartes. Thibaud joue avec constance son rôle d'amuseur et ne perd aucune occasion de faire des farces à ses compagnons. L'une de ses cibles préférées est Paul Boquel, qui voyage avec le Trio lors des tournées en province : Casals relate comment l'enfant terrible du Trio contrarie la grande coquetterie de l'impresario, en découpant à son insu le bout de

1. Lettre de Jacques Thibaud à Gabriel Astruc, 26 juillet 1907, BnF, NLA 256 (24).
2. José Maria Corredor, *op. cit.*, p. 61.

ses gants ou en enduisant de beurre sa brosse à cheveux. En revanche, il omet de dire dans ses Mémoires qu'il était l'autre victime favorite, ce dont Cortot se souvient bien de son côté : trouvant un soir dans sa loge une roulette de fauteuil, Thibaud la glisse dans la poche de Casals, qui s'en trouve gêné durant le concert ; une autre fois, alors que Casals, fiévreux, cherche à se reposer dans sa chambre d'hôtel, Thibaud lui fait livrer, de demi-heure en demi-heure, "une dizaine d'objets affreux[1]" dénichés chez un fripier, etc.

Néanmoins, cet esprit potache n'empêche pas leurs tournées de suivre un rythme très intense : par exemple, vingt-cinq concerts ont lieu en mars et avril 1908, soit près d'un tous les deux jours, à travers la Belgique, l'Alsace, l'Italie, la Suisse, l'Espagne et une dizaine de villes de province. La présence de l'imprésario Boquel aux côtés du Trio témoigne du prix qu'il attache à la réussite des tournées provinciales, et permet de décharger les artistes de toute difficulté matérielle : on peut penser qu'il veille notamment à ce que les cachets soient effectivement payés. Avec son appui vigilant, le Trio peut se faire entendre à travers tout le territoire, et accroître encore sa réputation. Pour les membres de ce dernier, la musique de chambre est aussi un moyen d'accélérer la croissance de leur notoriété individuelle : ils deviennent d'autant plus célèbres et reconnus qu'ils participent à cette aventure collective hors du commun.

1. Bernard Gavoty, *op. cit.*, p. 106.

En dépit du net ralentissement observable à partir de 1910, ce n'est donc qu'avec la Grande Guerre que prend fin la première époque du Trio. Ces années initiales, surtout les quatre premières, sont les plus heureuses et les plus fécondes : au fil des concerts, des répétitions et des voyages, les trois jeunes et célèbres musiciens forgent, dans cette "joie d'amitié et de musique" dont parle Casals, des liens artistiques qui sauront par la suite survivre à bien des épreuves. À cette époque aussi s'établit le renom légendaire de leur ensemble, car assurément Cortot, Thibaud et Casals savent rendre audible la complicité instinctive qui les unit. Ils font aussi entendre un répertoire très tôt établi, surtout formé d'œuvres germaniques et romantiques que découvrent avec eux beaucoup de mélomanes français. Sans doute le Trio vient-il parfaitement à son heure : son succès exceptionnel repose avant tout sur le talent individuel et collectif de ses membres, mais il s'inscrit aussi dans une époque où la musique de chambre suscite un intérêt nouveau. Ainsi, peu avant que le Trio ne débute, Paris voit la construction de salles de concert adaptées (salle des Agriculteurs en 1893, salle Gaveau en 1905) et l'apparition de sociétés spécialisées (Société philharmonique en 1901, Cercle musical en 1906). Le public et la critique témoignent en outre une bienveillance immédiate à ces trois vedettes qui, laissant leurs ego au vestiaire, affichent sur scène leur fraternité artistique. Quant aux imprésarios, ils ne peuvent qu'encourager cette association à fort capital de sympathie, et à fort capital tout court. Consciemment ou non, Cortot, Thibaud et Casals savent saisir la chance qui s'offre ainsi à eux, et cela leur est profitable : la musique de chambre est pour eux un moyen d'accroître encore leur notoriété individuelle, mais aussi, en plaçant l'amitié au cœur de leur activité musicale, de donner à leur carrière une dimension de plus, et même un supplément d'âme.

Avril, 1910.
(photo : Gershel)

Photo-montage, *ca*. 1923.

Affiche d'un concert à Paris, 1923.

Le Trio entourant Gabriel Fauré, 1923.
Photo : Edmond Joaillier

Thibaud et Cortot, *ca*. 1925.
Photo D. P. Wolff, Frankfurt am Main.

Dessin de B Wiener, s. d.

Le Trio en 1932.

Pablo CASALS
Alf. CORTOT
Jacques THIBAUD
fêteront le Centenaire de Brahms (1833-1933)
les 9, 10 et 11 Mai à la Salle Pleyel

Photo du trio par Edmond Joaillier, Paris 1933.

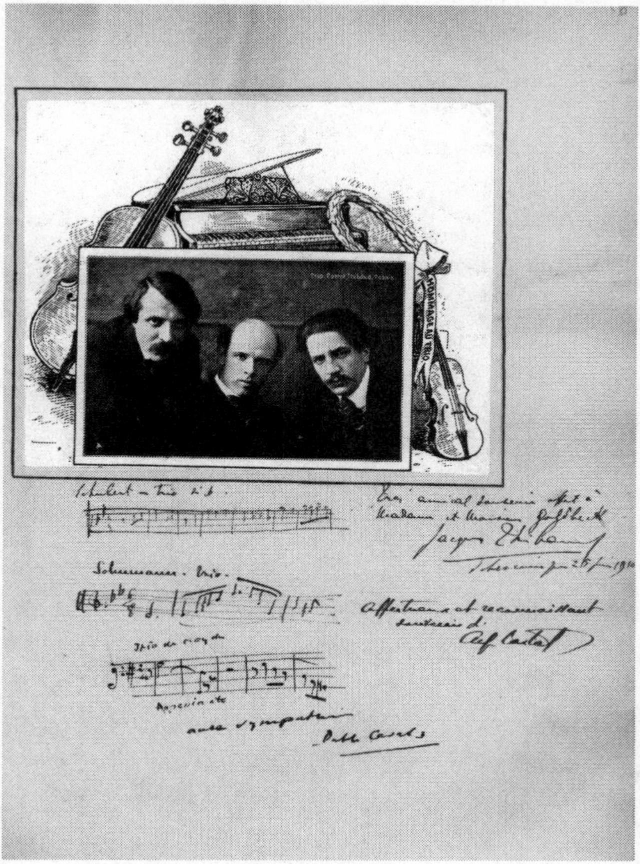

Montage avec signature musicale des trois musiciens et leur signature.

VI

"DANS NOTRE VIE D'ARTISTES, CES CONCERTS SONT UNE SORTE DE BONHEUR MORAL." LA DEUXIÈME ÉPOQUE DU TRIO (1921-1934)

"Ce fut comme si toute l'humanité avait d'un seul coup perdu la raison [...], on eût pu croire que la civilisation s'était mise à régresser[1]" : avec son extrême sensibilité, Casals se remémore en ces termes l'ébranlement formidable qu'est l'été 1914 pour les hommes de sa génération. Cette secousse n'épargne pas, en effet, le Trio, dont l'activité, déjà ralentie depuis 1910, s'interrompt totalement jusqu'en 1921 ; les trois partenaires affrontent séparément l'épreuve de la Grande Guerre, et selon des modalités très diverses.

Le Trio à l'épreuve de la Grande Guerre

Pour Casals, la rupture historique et collective de 1914 est précédée de peu par une rupture intime, qui le pousse déjà à s'éloigner de Paris, de sa carrière européenne et de bon nombre de relations anciennes : à l'été 1912, sa relation avec Guilhermina Suggia prend fin dans des circonstances douloureuses, ce qui le conduit à orienter de plus en

1. Pablo Casals, *op. cit.*, p. 115.

plus nettement sa carrière vers le Royaume-Uni et les États-Unis ; au cours d'une tournée, en avril 1914, il épouse à New York la cantatrice américaine Susan Metcalfe[1]. Ce mariage, puis, surtout, le début des hostilités quelques mois plus tard, le conduisent à passer la période loin de la France et de la guerre totale. Son statut de ressortissant d'un pays neutre, l'Espagne, lui permet d'échapper à la mobilisation, et jusqu'en avril 1919 sa carrière se déroule uniquement sur le continent américain. Il ne retraverse l'Atlantique que pour passer l'été auprès de sa famille en Catalogne, car les possibilités de tournées en Europe sont évidemment très réduites, et la mobilisation perturbe durablement la vie artistique parisienne. De New York, il n'est qu'indirectement atteint par les réalités de la guerre : il est marqué par la disparition, en mars 1916, de son ami Enrique Granados, lors du torpillage de son paquebot par un sous-marin allemand. Casals organise peu après un concert au Metropolitan Opera, au bénéfice des enfants du compositeur, concert au cours duquel il joue avec Paderewski et Kreisler l'une des œuvres fétiches du Trio, *"L'Archiduc"* de Beethoven ; de même, il prend part à quelques concerts de charité pour le compte de la Croix-Rouge. En revanche, son pacifisme et son intégrité le font s'opposer avec vigueur à tout boycott de la musique allemande aux États-Unis : "À l'époque où, aveuglés par la haine, certains cherchaient à mettre au ban de la musique les maîtres allemands, je sentis qu'il était indispensable de jouer

1. Susan Metcalfe (1878-1959) entame en 1897 une carrière de mezzo-soprano et a fait la connaissance de Casals dès 1904. Cette union n'est guère heureuse, et les époux se séparent en 1928.

les œuvres de Bach, de Beethoven et de Mozart, qui sont de si beaux témoignages de l'esprit humain et de la fraternité des hommes[1]", dira-t-il plus tard à ce propos.

En 1919, il fait de nouveau route pour l'Europe, non pour le Paris de sa jeunesse et de ses anciennes amitiés, mais pour Barcelone, où il entend fonder un orchestre digne de la capitale catalane. Il entame alors une nouvelle carrière, celle de chef : son Orquestra Pau Casals, dont il a choisi les membres et qu'il finance de ses propres fonds, est actif de 1920 à 1937. Les concerts symphoniques n'empêchent toutefois pas Casals de sillonner de nouveau l'Europe et l'Amérique avec son violoncelle.

La guerre est une réalité plus tangible pour Cortot[2]. Réformé en 1914, puis incorporé dans les services de santé en 1915, il ne connaît certes pas les tranchées. La période est cependant pour lui celle d'un engagement politique intense, qui le conduit à interrompre presque totalement sa carrière d'interprète. Dès les premiers jours du conflit, il déploie une grande énergie pour créer des œuvres charitables venant en aide aux artistes privés de ressources par l'arrêt brutal des spectacles. Son patriotisme le pousse ensuite à mettre sur pied des manifestations artistiques visant à diffuser l'idéologie de l'Union sacrée : ce sont d'abord, à Paris, les Matinées nationales qui,

1. P. Casals, *op. cit.*, p. 116.
2. Pour une évocation des activités de Cortot de 1914 à 1918, nous nous permettons de renvoyer ici à notre article : François Anselmini, "Alfred Cortot et la mobilisation des musiciens français pendant la Première Guerre mondiale", *Vingtième siècle*, n° 118, avril-juin 2013, p. 147-157.

durant quatre ans, font alterner la musique avec la lecture de textes patriotiques et de témoignages d'héroïsme militaire ; c'est ensuite le Théâtre aux Armées, fondé en 1915 pour apporter réconfort et distraction aux poilus, et dont Cortot supervise la partie musicale. Néanmoins, il se tient lui aussi à l'écart du nationalisme intransigeant, en laissant toute leur place aux compositeurs germaniques classiques. Sa volonté d'encadrer le concours de la musique et des musiciens français à l'effort de guerre s'inscrit à partir de 1916 dans un cadre étatique : nommé en 1916 au cabinet du sous-secrétaire d'État aux Beaux-Arts, le pianiste, devenu haut fonctionnaire, y crée et dirige un service de propagande artistique. Pionnier de l'action artistique à l'étranger, il organise les tournées de nombreux artistes dans les pays neutres et alliés, pour faire rayonner la culture nationale et attirer à la France la sympathie des opinions publiques. Se manifestent ainsi pour la première fois chez lui un sentiment aigu du devoir patriotique, un goût marqué pour l'action administrative et les arcanes du pouvoir, et une réelle ambition politique : celle d'organiser, de rationaliser, voire d'étatiser, les activités du milieu musical français.

C'est presque contre son gré qu'il revient à son piano dans les derniers mois du conflit. À la demande du gouvernement Clemenceau, il est le soliste de la plus importante opération organisée par son service de propagande, une tournée aux États-Unis de la Société des Concerts du Conservatoire. D'octobre 1918 à janvier 1919, il découvre ainsi le Nouveau Monde, où il donne une quarantaine de concerts (avec l'orchestre français, mais aussi des orchestres locaux ou en récital) et devient une véritable vedette. Cette découverte redonne de l'élan à sa carrière : au long des années 1920, elle adopte un rythme effréné, avec environ cent cinquante concerts par saison et un séjour de plusieurs mois aux États-Unis presque chaque année.

Jacques Thibaud est le seul à faire concrètement l'expérience du front, puisqu'il est affecté en 1914 dans un régiment d'artillerie. Blessé et réformé en 1915, il contribue ensuite comme musicien à la cause nationale, notamment dans le cadre des entreprises mises sur pied par Cortot. Lors de la Matinée nationale du 7 novembre 1915, il joue ainsi la *Symphonie espagnole* de Lalo sous la direction de son ami. Plus tard, il accomplit plusieurs tournées de "propagande artistique", notamment aux États-Unis, où il séjourne durablement en 1917 et 1918 et donne d'innombrables concerts. Lui aussi est surpris par le bon niveau de la vie musicale locale et surtout par les excellentes conditions matérielles qu'offre ce pays neuf (taille et qualité acoustique des salles, avance technologique en matière d'enregistrement, importance des cachets). Et, comme pour ses partenaires du Trio, les tournées aux États-Unis représentent une très grande part de son activité dans les années suivant l'armistice, avec par exemple des séjours de près de six mois en 1920, 1921 et 1923.

Séparés par la guerre, les membres du Trio restent cependant en contact durant toute cette période. Thibaud et Cortot, nous l'avons vu, conservent notamment des liens étroits : ils jouent ensemble le 7 novembre 1915, puis le violoniste se fait l'agent de la propagande française aux États-Unis, que pilote le pianiste. Au début de 1918, Thibaud donne une interview à la presse américaine pour annoncer la venue de Cortot, jusqu'alors inconnu outre-Atlantique. Tous deux partagent le même imprésario américain, Arthur Judson, sous l'égide duquel ils donnent en mars 1920 leurs premiers concerts en duo depuis 1914 (à San Francisco et Los Angeles). Lors de la saison suivante (1920-1921), ils voyagent sur le même paquebot et donnent de nouveaux concerts ensemble. Sans doute Casals s'est-il davantage éloigné, à la fois parce qu'il a entamé une vie nouvelle avant même le début de la guerre et parce qu'il ne partage pas l'élan patriotique de ses deux partenaires. Il est cependant probable qu'il les croise entre 1917 et 1919 lors de leurs séjours aux États-Unis (où il réside lui-même) ; pour des raisons méconnues, l'immédiat après-guerre semble néanmoins avoir marqué un premier refroidissement des relations entre Cortot et Casals[1]. Ce dernier est ensuite absorbé, nous l'avons vu, par la création de son orchestre, mais ses partenaires apparaissent rapidement dans sa liste de solistes invités : en 1921, Thibaud donne un programme de sonates dans le cadre de l'Association de musique de chambre de l'Orquestra, tandis que Cortot joue sous la direction de Casals en 1922.

De même, tous trois participent à un projet conçu par Cortot et le critique musical Auguste Mangeot, la création de l'École normale de musique. La fondation de cet établissement privé prolonge les activités patriotiques du pianiste entre 1914 et 1918,

1. Robert Baldock, *Pablo Casals*, Londres, Victor Gollancz Ltd, 1992, p. 135.

puisqu'il est d'abord destiné à attirer à Paris des élèves étrangers (que le Conservatoire n'accueille qu'en nombre limité), et donc à faire connaître l'excellence de la musique et de l'enseignement français. De plus, cette École *normale* entend former non seulement des virtuoses et des compositeurs, mais aussi des professeurs compétents, et, pour cela, elle propose une formation plus complète que celle du Conservatoire. Si Cortot est la cheville ouvrière de l'entreprise, il convainc ses camarades du Trio de la soutenir, à la fois sur le plan financier (Thibaud et Casals sont tous deux actionnaires de l'École normale) et sur le plan artistique, en lui apportant leur prestigieuse caution. Dès la première année d'enseignement (1920-1921), tous deux sont "chefs d'école" pour leur instrument, ce qui consiste à inspecter les classes assurées au jour le jour par d'autres professeurs[1] et à donner une série de cours d'interprétation aux étudiants les plus chevronnés en fin de saison.

Résurrection du Trio et reprise des concerts

Ces relations maintenues en dépit de la guerre et ces nouveaux projets communs expliquent la reprise des concerts du Trio. En juin 1921, Cortot, Thibaud et Casals se trouvent ensemble à Paris pour assurer leurs

1. Requis par leurs tournées internationales, Thibaud et Casals (pas plus que Cortot) ne peuvent assurer un enseignement régulier à l'École normale. L'école de violoncelle est en réalité conduite par Diran Alexanian, et l'école de violon par Maurice Hayot ; plusieurs pianistes appliquent les directives données par Cortot.

premiers cours à l'École normale, et cette occasion de donner des concerts à trois est aussitôt saisie. Cette résurrection intervient le 30 juin au théâtre Mogador, avec des œuvres de Beethoven *(Trio nº 6)*, Schumann *(Trio nº 3)*, et, pour la première fois, le *Trio* récemment composé par Ravel (en 1914). De même, les deux concerts suivants sont donnés à Barcelone les 7 et 9 juin 1922, où Cortot et Thibaud viennent aider Casals à développer la vie musicale locale.

Leurs concerts restent cependant peu nombreux dans la première moitié des années 1920 : seulement quatorze en cinq saisons (jusqu'en 1924-1925). Ce faible nombre s'explique par l'intensité de leurs carrières individuelles (et notamment des tournées américaines), et par le poids d'activités telles que la direction de l'Orquestra Casals ou de l'École normale. En outre, si l'on excepte les deux concerts barcelonais de 1922, ils ne jouent alors qu'à Paris : en réalité, ils ne font que renouer avec leur tradition consistant à se retrouver en mai ou juin pour une, deux ou trois séances sur les scènes de la capitale. Ce rituel de fin de saison est ensuite observé de façon irrégulière jusqu'à la fin de cette "seconde époque" : il a lieu en 1926, 1927, 1932 et 1933, mais s'interrompt de 1928 à 1931, période au cours de laquelle le Trio n'apparaît que deux fois à Paris, à d'autres moments de l'année (12 décembre 1928 et 17 mars 1930). Tous ces concerts sont organisés par un nouvel agent, Charles Kiesgen : d'abord violoncelliste, il a été l'élève de Casals entre 1903 et 1909. Contraint d'abandonner sa carrière pour raison de santé, il entreprend en 1912 une longue carrière d'imprésario, et son Bureau international de concerts prend notamment en charge les intérêts de son ancien professeur et ceux de Cortot ; marié en outre à une petite-fille de Charles Lamoureux, et ayant pour principal collaborateur l'un des fils d'Ysaÿe, le personnage est lié par bien des côtés au Trio[1]. Par ailleurs, deux séances de prestige ont lieu à l'École normale en 1923 (avec une répétition publique du nouveau *Trio* de Fauré, en présence du compositeur) et en 1931 (dans le cadre des "concerts privés" qu'y organise Cortot).

S'il se montre toujours actif à Paris (avec vingt-cinq concerts, soit le tiers du total de la seconde époque), le Trio néglige en revanche la province, où il ne donne qu'un seul concert, l'un des tout derniers, à Strasbourg le 13 mai 1933. Ainsi se confirme une évolution amorcée dès 1910 : les trois musiciens n'ont plus le temps de sillonner ensemble la France (ce que font par contre toujours Cortot et Thibaud, seuls ou en duo), et les directeurs des salles provinciales n'ont plus les moyens de les attirer.

À partir de 1925-1926, le Trio renoue en revanche avec les tournées à l'étranger, bien que ce soit de façon irrégulière : deux saisons intenses (1926-1927 et 1928-1929) encadrent par exemple une autre vierge de tout concert (1927-1928). Le pays le plus fréquenté est la Grande-Bretagne, avec vingt-sept prestations, soit davantage même qu'en France. Cortot, Thibaud et Casals y étaient déjà très connus comme solistes avant la guerre, mais leur renommée s'y accroît fortement dans les années 1920, notamment par le biais du disque. C'est en effet à Londres, pour le compte de *His Master's Voice*,

1. Jusqu'en 1930, les concerts parisiens sont organisés en partenariat avec Arthur Dandelot, qui reste l'agent de Thibaud.

qu'ils réalisent presque tous leurs enregistrements entre 1926 et 1928. Les imprésarios locaux se disputent férocement le droit d'organiser leurs concerts, et le Trio semble avoir joué avec profit de cette concurrence. Ainsi, s'ils font appel à la puissante agence Ibbs and Tillett[1] pour plusieurs concerts londoniens (ceux de 1927 et 1930), ce sont d'autres firmes qui mettent sur pied les deux tournées qu'ils accomplissent à travers les îles Britanniques. La première (six concerts en novembre 1925) est prise en charge par les Max Mossel Concerts, une société de concerts par souscription établie à Birmingham et surtout orientée vers la province. La seconde, à l'automne 1928, est l'aboutissement des efforts déployés par l'imprésario Lionel Powell (1878-1932) : afin de célébrer avec éclat son cinquantième anniversaire, celui-ci fait venir à grands frais des vedettes telles que Paderewski, Chaliapine, Kreisler… et le Trio. Cette exceptionnelle tournée à travers l'Angleterre, l'Écosse et même l'Irlande, qui représente à elle seule plus du quart des prestations de la seconde époque (dix-neuf au total), se conclut en apothéose le 9 décembre avec un concert dans l'immense Royal Albert Hall.

La Suisse est l'autre pays où ont lieu de véritables tournées, cependant beaucoup plus brèves. Le Trio y donne trois concerts consécutifs en avril 1927 (Lausanne, Vevey et Genève), et revient au printemps 1931. Prévue au mois de mars, cette seconde tournée s'interrompt après un premier concert à Zurich le 13, en raison du décès de la mère de Casals ; elle

1. Fondée en 1906 par Robert Leigh Ibbs et John Tillett, l'agence est ensuite dirigée par la veuve de ce dernier, Emmie Tillett, surnommée "la Duchesse de Wigmore Street".

est reportée fin mai-début juin, avec des concerts à Genève, Vevey, Berne et Bâle. Ces deux visites sont mises sur pied par un imprésario genevois, Henry Giovanna, et avec le concours de l'Association française d'action artistique, héritière du service de propagande fondé par Cortot en 1916. À cette époque, l'AFAA promeut en effet les musiciens français à l'étranger en fonctionnant elle-même comme une sorte d'agence artistique appuyée par l'État, et notamment par les représentations diplomatiques : elle sollicite ainsi les consulats de Genève et de Bâle pour organiser les concerts de 1927[1].

De même, le Trio compte toujours de profondes attaches en Belgique : des membres de la famille royale assistent souvent à ses concerts bruxellois, notamment la très mélomane reine Élisabeth, fondatrice en 1937 du célèbre concours qui porte aujourd'hui son nom. L'amitié d'Ysaÿe vaut également au Trio des invitations à Bruxelles en 1926, 1927 et 1931 ; ce dernier concert, en date du 3 juin, est particulièrement émouvant, puisqu'il a lieu moins d'un mois après le décès du grand musicien belge (le 12 mai). L'année suivante, Cortot, Thibaud et Casals honorent leur ami défunt avec, les 21 et 22 mai 1932, deux concerts destinés à financer la construction d'un monument à sa mémoire ; à l'issue de la deuxième séance, ils sont appelés dans la loge royale et décorés de l'ordre de Léopold II[2].

Après les concerts de juin 1922, le Trio se rend encore deux fois à Barcelone, pour ses seules prestations en Espagne d'après-guerre. L'une et l'autre de

1. Voir MAE, 417 QO-35, Suisse.
2. *Le Temps*, 24 mai 1932, p. 1.

ces visites sont mémorables. La première (avril 1927), destinée à célébrer le centenaire de la mort de Beethoven, est elle aussi marquée par la personnalité forte et chaleureuse d'Ysaÿe : le 19 avril, celui-ci dirige le Trio et l'Orquestra Casals dans le *Triple Concerto* (deux jours après une séance consacrée aux opus 1 n° 3, 70 n° 1 et 97). Ce concert est le dernier grand moment de la carrière d'Ysaÿe : "Ce fut une quadruple collaboration pleine de cordialité, et je garderai toujours le souvenir du frénétique enthousiasme du public. C'était du délire, vraiment émouvant ; une sensation que l'on éprouve rarement dans la vie et ce fut aussi une grande leçon d'art", écrit-il en juillet 1927 dans le journal belge *L'Action musicale*. D'autre part, le concert du 9 mai 1929 est lui aussi marquant, non seulement parce qu'il est le seul du Trio cette année-là, mais surtout parce que le producteur Fred Gaisberg[1] et les ingénieurs de HMV font au même moment le voyage de Londres à Barcelone, afin de réaliser le dernier enregistrement de Cortot, Thibaud et Casals : le *Double Concerto* de Brahms, gravé les 10 et 11 mai avec l'Orquestra Casals.

Enfin, le dernier pays visité *(in extremis)* par le Trio après la Grande Guerre est l'Italie, lieu de ses deux ultimes concerts : le 28 mars 1934, il honore une invitation de la fondation des Amici della Musica de Florence, et se produit la veille en séance privée pour son directeur, l'homme d'affaires Alberto Passigli[2].

1. Frederick Gaisberg (1873-1951), pianiste, ingénieur du son et producteur, a imposé à la Gramophone Company Ltd. le standard du disque 78 tours contre celui du cylindre.
2. Ami personnel de Casals, Alberto Passigli fonde les Amici della Musica en 1920, avec le soutien du compositeur Ildebrando Pizzetti. Il est aussi l'un des créateurs du Maggio musicale.

En somme, le cadre géographique des activités du Trio reste aussi limité qu'avant 1914, puisqu'il est toujours formé de six pays européens (si l'on compte l'Irlande, indépendante en 1921). Par rapport à la première époque, l'Allemagne, où presque aucun artiste français ne se produit avant 1930, est délaissée au profit de la Grande-Bretagne, devenue une terre d'élection. En revanche, Cortot, Thibaud et Casals ne se produisent jamais aux États-Unis, où ils effectuent pourtant de fréquentes tournées individuelles, et où les organisateurs, "prêts à faire pour cela tous les sacrifices[1]", disposent jusqu'à la crise de 1929 de moyens financiers considérables : en dépit des offres alléchantes, les agendas des trois artistes s'avèrent, ici comme ailleurs, impossibles à concilier.

Un Trio victime de son succès?

Le Trio atteint alors une notoriété extraordinaire et savamment entretenue par des agents soucieux de rentrer dans leurs frais. C'est particulièrement le cas en Grande-Bretagne, pays en avance pour les méthodes publicitaires, et dans lequel le renom du Trio, nous l'avons dit, est alimenté par le succès de ses disques : ainsi, pour la tournée de l'automne 1928, Lionel Powell fait paraître des annonces qui le désignent comme *"a Trio without doubt the greatest the world can produce"*. Néanmoins, les formules superlatives sont reprises à l'envi par les journaux de

1. Le mot est de Cortot (interview dans *Le Monde musical*, avril 1925, p. 143).

chaque pays visité : *"the first of the French violinist, the greatest cellist of our times and probably the first pianist living"* (*Evening Telegraph*, 30 novembre 1925), "cette unique trinité artistique" (*L'Éventail* de Bruxelles, 11 juillet 1926), "un groupe unique d'interprètes géniaux" (*La Gazette de Lausanne*, 12 avril 1927), *"the nearest approach to perfection that the gods allow"* (*Musical Times*, juin 1927), "le plus merveilleux ensemble qu'il soit possible de rêver" (*L'Éventail*, 26 juin 1927), *"el famoso y aplaudido trío de virtuosos"* (*La Vanguardia*, 17 décembre 1929), "[ils démentent] l'adage d'après lequel la perfection n'est pas de ce monde" (*La Gazette de Lausanne*, 3 juin 1931), etc.

Cette gloire a cependant ses revers : "Hélas ! Il est difficile et rare de réunir Thibaud, Cortot et Casals[1]", s'exclame l'écrivain Raoul Follereau en 1926, exprimant une réalité qui pèse de plus en plus sur l'activité du Trio. En juillet 1927, l'AFAA indique par exemple à la Kammermusik Gesellschaft de Bâle qu'"en raison de leurs engagements respectifs, les trois artistes ne pourront être réunis dans un même endroit avant le début du mois de juin 1928[2]". Plus les années passent, et plus les apparitions deviennent exceptionnelles, à tous les sens du terme. Ainsi, ils se produisent souvent à l'occasion d'anniversaires, celui de compositeurs (Beethoven en 1927, Brahms en 1933) ou, plus prosaïquement, celui d'un imprésario riche et puissant (Lionel Powell en 1928). D'autres concerts servent à saluer Fauré (en 1923 à l'École normale)

1. *La Rampe*, 10 juillet 1926, p. 22.
2. Lettre de l'AFAA au consul de France à Bâle, 19 juillet 1927 (MAE, Suisse, 417 QO-35).

ou Ysaÿe, en 1931 et 1932. En outre, leur activité prend fréquemment une tournure mondaine, voire protocolaire. Leurs visites en Belgique donnent lieu à cérémonies et remises de décorations des mains de la famille royale, et il en va sans doute de même avec les autorités catalanes à Barcelone. De même, la participation de l'AFAA confère à leurs tournées un caractère quasi officiel : en Suisse, les consuls français viennent les entendre et les reçoivent à leur table.

En outre, la notoriété même du Trio explique le nombre réduit de ses prestations. Davantage encore qu'avant 1914, et à moins que le concert n'ait une dimension affective ou commémorative particulière (comme dans le cas des exemples évoqués ci-dessus), il faut que le cachet soit élevé pour que Cortot, Thibaud et Casals se réunissent : en 1927, ils font savoir qu'ils ne viendront à Bâle que contre la garantie d'un profit de 10 000 francs suisses[1]. "Pour s'offrir le luxe d'inscrire trois si grands noms au programme d'un concert, il faut être milliardaire américain ou le plus audacieux des imprésarios", écrit ainsi à juste titre le journal *La Suisse* (12 avril 1927), en félicitant Henry Giovanna. Comme ses confrères britanniques, ce dernier sait mettre le prix nécessaire à l'organisation des tournées et, de fait, les comptes de Charles Kiesgen font apparaître des profits colossaux pour les trois artistes : en 1931, chacun d'eux touche plus de 11 000 francs pour la tournée en Suisse et plus de 40 000 pour l'unique concert parisien, ce qui représente près de cinq années de salaire ouvrier[2] !

1. *Ibid.*

2. Comptes du Trio Cortot-Thibaud-Casals établis par le Bureau international de concerts (AJT). Le salaire annuel

Cette démesure financière n'est pas sans influer sur l'art du Trio. Celui-ci est poussé par les agents et le public à se produire dans des salles de plus en plus grandes, et donc inadaptées au caractère intime de la musique de chambre. L'inflation est patente pour les concerts parisiens : alors qu'ils avaient lieu salle Gaveau ou aux Agriculteurs (moins de 1 000 places) avant la guerre, ils se tiennent de 1921 à 1924 au théâtre Mogador ou au théâtre des Champs-Élysées (respectivement 1 860 et 1 900 places). En 1923, on doit cependant ajouter encore trois cents chaises sur l'estrade[1] et, l'année suivante, le Trio décide de s'afficher sur la vaste et prestigieuse scène du Palais Garnier (près de 2 000 fauteuils), à l'imitation de Fritz Kreisler, premier instrumentiste à s'y produire en soliste en novembre 1924. Après 1927, c'est dans la nouvelle salle Pleyel, plus vaste encore (3 000 places), qu'ont lieu leurs habituelles séances de fin de saison. Il en va de même partout où ils jouent : à Bruxelles, ils délaissent le théâtre de la Monnaie (1 100 places) pour le nouveau Palais des Beaux-Arts (2 200 places), tandis qu'à Barcelone, la capacité du Palau de la Música dépasse les 2 000 sièges. C'est aussi le cas de la plupart des salles britanniques fréquentées lors des tournées de 1925 et 1928, pour lesquelles les concerts sont pourtant toujours *"sold-out"* si l'on en croit les journaux ; le point culminant est atteint le 9 décembre 1928 au Royal Albert Hall, qui peut alors accueillir jusqu'à 9 000 spectateurs. Ce gigantisme nuit à la qualité d'écoute des spectateurs, comme le

moyen d'un ouvrier est alors de 8 286 francs (Thomas Piketty, *op. cit.*).

1. *Le Monde musical*, juin 1923, p. 204.

relèvent même les critiques les plus bienveillants : la fervente disciple de Cortot qu'est Jeanne Thieffry écrit par exemple dans *Le Monde musical* (le journal d'Auguste Mangeot) que le théâtre des Champs-Élysées offre en juin 1923 une "impression de cohue" et ressemble à "une place de marché". Neuf ans plus tard, salle Pleyel, elle se désole de "la disproportion entre le caractère des œuvres et la dimension du vaisseau", et constate que l'auditeur "n'est plus atteint physiquement par le son" (30 juin 1932). De même, Camille Bellaigue se félicite en 1925 d'être placé au premier rang de l'Opéra, estimant que, "du fond et du haut de la trop vaste enceinte, on n'entendit peut-être pas très bien[1]" les trois artistes ; dans la nef de l'Albert Hall en 1930, un critique constate aussi que la sonorité du piano a tendance à écraser celles des cordes[2].

Les conditions dans lesquelles le Trio poursuit son activité ont une autre conséquence négative : l'absence de renouvellement du répertoire. Les concerts à trois "n'apportent aucun travail supplémentaire", écrit Thibaud en 1924[3] : de fait, les répétitions deviennent rares, voire inexistantes, et les partenaires jouent essentiellement des œuvres qu'ils connaissent de longue date. Déjà réduit avant la Grande Guerre, le nombre de celles qui apparaissent dans leurs programmes diminue encore : les raretés de la première époque (Corelli, Rameau, Mozart, le second *Trio* de Schubert, Tchaïkovski...) disparaissent, de même que les compositions de Moór ou les deux premiers trios de Brahms.

1. *La Revue des Deux Mondes*, juillet 1925, p. 465.
2. *The Strad*, mars 1930, cité par Tully Potter, art. cité.
3. Lettre de Thibaud à Arthur Dandelot, 15 janvier 1924 (AJT).

Les seules nouveautés sont deux pages françaises récentes, les trios de Ravel (1914) et de Fauré (1923). À coup sûr, le second a été écrit en pensant à Cortot, Thibaud et Casals, ce qui est beaucoup moins avéré (mais pas totalement exclu) pour le premier ; aucun des deux n'est cependant créé par eux. Celui de Ravel l'est à l'époque où le Trio est dispersé par la guerre (en 1915, par Casella, Willaume et Feuillard), mais figure au programme du premier concert d'après-guerre (30 juin 1921) : pour une fois, Cortot, Thibaud et Casals prennent la peine d'apprendre et de répéter un morceau nouveau (et particulièrement difficile). Ils sollicitent même les conseils de l'auteur, sans grand succès si l'on en croit les souvenirs de Casals : "Il n'y a qu'à jouer ce qui est écrit", leur dit froidement Ravel qui, paradoxalement, semble satisfait lorsqu'il les entend interpréter "ses indications à [leur] façon[1]" lors du concert. La relation avec Fauré est beaucoup plus amicale : le 21 juin 1923 a lieu à l'École normale une répétition publique de son *Trio* (créé le 12 mai précédent par Tatiana de Sanzévitch, Robert Krettly et Jacques Patté) ; durant trois heures, un dialogue fécond s'établit entre le compositeur et les interprètes, devant un public émerveillé de pénétrer les secrets de cette musique. Une photo devenue célèbre immortalise la rencontre, et l'œuvre est donnée en concert une semaine plus tard. Néanmoins, c'est celle de Ravel que Cortot, Thibaud et Casals jouent le plus fréquemment les années suivantes.

En dehors de ces ajouts, la liste des programmes entre 1921 et 1934 paraît bien monotone : sur les

1. José Maria Corredor, *op. cit.*, p. 249.

vingt-quatre œuvres qu'elle comporte, seules huit apparaissent plus de dix fois et en forment l'essentiel. La plus fréquente est le *Trio n° 1* de Schubert, dont les trois interprètes font un véritable emblème, surtout après le succès vertigineux du disque qu'ils lui consacrent (leur premier, en 1926) : il est joué quarante-quatre fois en soixante-quatorze concerts. Viennent ensuite le *Trio* en *sol* de Haydn (trente fois) et le *Trio n° 1* de Mendelssohn (vingt-huit fois) : la prédominance de ces trois pièces (Schubert, Haydn, Mendelssohn) s'explique par le fait qu'elles forment le programme de la grande tournée britannique de 1928. Cortot, Thibaud et Casals continuent aussi de donner leurs trios favoris de Beethoven (*"L'Archiduc"* et les deux de l'opus 70) et de Schumann (les numéros 1 et 3). Toutes les autres pièces n'ont qu'une place marginale.

Les cinq morceaux les plus joués font l'objet des enregistrements réalisés entre 1926 et 1928, et restent jusqu'au bout les piliers du répertoire : lors des deux derniers concerts, donnés en Italie en mars 1934, se succèdent une nouvelle fois le *Trio* en *sol* de Haydn, les *Trio n° 1* de Mendelssohn, Schubert et Schumann, et *"L'Archiduc"*.

L'impression de routine et de répétition sensible au fil des années doit sans doute être nuancée : on peut comprendre que Cortot, Thibaud et Casals éprouvent le besoin de jouer quelques fois par saison leurs œuvres fétiches. En outre, la spontanéité, l'expérience de l'instant et le goût du partage sont pour eux essentiels, si bien que chaque interprétation peut être différente de la précédente. Cependant, au bout d'un quart de siècle d'activité peu renouvelée, après tant de concerts voués à la relecture des mêmes pages et bientôt leur gravure dans la cire, on peut penser qu'à la fin des années 1920, le Trio commence à épuiser le champ de ses possibles artistiques.

"Pabolo, viens faire des grâces au public!" : jusqu'au bout, la joie de jouer ensemble

Une notoriété quelque peu écrasante ; la difficulté de trouver des dates pour les concerts communs ; le cérémonial dont s'entourent parfois leurs apparitions ; des considérations financières prenant parfois le pas sur les enjeux artistiques ; de trop vastes salles où s'égare le son des trois instruments ; l'impossibilité, enfin, de sortir des limites d'un répertoire rebattu : tous ces éléments caractéristiques de la seconde époque (mais déjà présents en germe entre 1910 et 1914) peuvent donner l'impression que l'insouciance et la grâce des premières années se sont perdues au fil du rythme vertigineux de la carrière des trois artistes. Pourtant, si l'aventure du Trio se prolonge presque jusqu'au milieu des années 1930, c'est bien parce que quelque chose en perdure malgré tout. Une lettre de Thibaud, écrite en 1924 à son agent depuis les États-Unis, résume bien cet état d'esprit :

Vu Pablo Casals à Youngstown, qui est comme moi, interloqué d'avoir appris que nos concerts décidés l'année dernière de sonates et de trios à Londres pour le mois de mai n'auraient probablement pas de suite!! Qui a pris cette décision? Je ne suppose pas qu'Alfred Cortot soit de cet avis, puisque c'est lui qui en a eu le premier l'idée. Il est donc nécessaire que tu voies Alfred et que tu lui dises que Pablo et moi nous sommes surpris et que nous désirons donner ces concerts. […] Dans notre vie d'artistes, ces concerts sont une sorte de bonheur moral. Paris et Londres doivent seuls avoir la possibilité financière de les entendre et j'insiste beaucoup là-dessus. Casals avait l'air navré et m'a chargé de remettre ce projet sur pied. Que Michell et l'agent de Pablo conviennent avec toi et Kiesgen des dates possibles en mai ou en juin[1].

Les contraintes matérielles occupent certes l'essentiel de la lettre, et une mésentente latente se manifeste entre trois artistes qui ne communiquent presque plus que par l'intermédiaire de leurs agents. Néanmoins, cette "sorte de bonheur moral" que procurent les concerts donne la force de renverser les obstacles. Et lorsqu'ils se retrouvent enfin, ils retrouvent aussi la joie de jouer ensemble, sans contrainte, la musique qui leur plaît. Des bouderies s'installent à distance, mais l'atmosphère des réunions est toujours aussi complice. Ainsi, les concerts de Bruxelles en 1926 sont suivis d'une soirée chez Ysaÿe qui ressuscite le souvenir de leur jeunesse, soirée au cours de laquelle ils jouent, impromptu et pour le plaisir, des pages de Schumann et de Beethoven[2]. De même, la tournée britannique de 1928 est l'occasion d'un fou rire mémorable, déclenché, comme autrefois, par Thibaud. Toujours oublieux, ce dernier doit emprunter les souliers de l'imprésario pour un concert ; alors qu'il bat la mesure du pied,

1. Lettre de Thibaud à Arthur Dandelot, 15 janvier 1924 (AJT).
2. Le récit de cette soirée mémorable paraît dans *L'Éventail* du 11 juillet 1926.

on se rend compte qu'une semelle est percée : "Allez-vous cesser de battre la mesure ? On va dire que je vous paie mal et que vous n'avez pas de quoi ressemeler vos souliers[1] !", s'écrie le malheureux impresario à l'entracte ! Être ensemble fait oublier toute fatigue : au terme de cette tournée, ils arrivent gare du Nord le 12 décembre à 18 heures, et à 21 heures ils sont à la salle Pleyel pour un nouveau concert ! Cette vie joyeuse se maintient jusqu'à la fin : lors de la tournée suisse de 1931, chaque concert est suivi d'un souper pris en compagnie d'amis ; à Genève, Thibaud présente à ses amis une séduisante jeune femme, Renée Chaîne, dont Cortot tombe aussitôt amoureux… Enfin, pour le dernier concert donné à Paris, dans le cadre du centenaire de Brahms (11 mai 1933), Casals, souffrant, tient tout de même à jouer :

> Sur ses instances, on l'a dopé, piqué, retapé, porté sur l'estrade. Il fut égal à lui-même, c'est-à-dire incomparable. Le public continue à réclamer les trois artistes. Casals cherche des yeux une chaise. Mais Alfred Cortot et Jacques Thibaud lui font signe. "Pabolo, lui crie Thibaud, allons Pabolo, viens faire des grâces au public!" Lui et Cortot prennent chacun le pauvre Pabolo sous un bras et le traînent vers les honneurs[2].

Ce tableau à la fois cocasse et touchant des trois vedettes quinquagénaires, plaisantant comme au temps de leur jeunesse et se tenant enlacées pour aller "faire des grâces au public", constitue la dernière image offerte par le Trio sur la scène parisienne.

1. Bernard Gavoty, *op. cit.*, p. 106.
2. "Cortot-Thibaud-Casals", *Rempart*, 12 mai 1933.

VII

L'ARGENT ET L'OR. LE RÉPERTOIRE ET LES ENREGISTREMENTS DU TRIO CORTOT-THIBAUD-CASALS

Les concerts : ressources et répertoire.

Si l'on tente d'adopter une vision plus synthétique après avoir examiné les quelque vingt-huit années d'activité du Trio, quel bilan peut-on faire de cette expérience musicale hors normes ? Il convient en premier lieu de souligner l'importance qu'elle revêt à tous points de vue pour chacun des trois interprètes : réunis par une entente exceptionnelle, aussi fructueuse sur le plan artistique que commercial, Alfred Cortot, Jacques Thibaud et Pablo Casals ont misé sur la réussite du Trio pour asseoir leur carrière personnelle et également pour s'assurer un train de vie confortable. Leurs concerts, en effet, ont fourni de substantiels revenus à chacun de ses membres. D'après son mémento quotidien, Alfred Cortot a noté avoir perçu, au titre de sa participation au Trio, les sommes suivantes[1] :

1. BIF-BG, Agenda de carrière, 1906-1914. Les correspondances du pouvoir d'achat de l'euro et du franc ont été établies et publiées en 2011 par l'Institut national de la statistique (www.insee.fr/fr/themes/calcul-pouvoir-achat.asp). Il est indiqué que les données sont d'autant plus fragiles que les périodes utilisées sont éloignées. Pour donner un autre point de comparaison, Thomas

Saison 1906-1907 : 6739 francs (environ 23500 euros 2011)

Saison 1907-1908 : 14239 francs (environ 49800 euros 2011)

Saison 1908-1909 : 13881 francs (environ 48500 euros 2011)

Saison 1909-1910 : 10388 francs (environ 38000 euros 2011)

Saison 1910-1911 : 3225 francs (environ 10240 euros 2011)

Saison 1911-1912 : 3666 francs (environ 11530 euros 2011)

Saison 1912-1913 : 2700 francs (environ 8500 euros 2011)

Saison 1913-1914 : 2600 francs (environ 8255 euros 2011)

Soit au total 57438 francs (environ 200000 euros 2011)

Ces résultats sont à prendre avec précaution et à relativiser du fait de l'érosion de la monnaie. Ils mettent en évidence l'intérêt économique des tournées du Trio.

Selon l'état des comptes[1] arrêtés par le Bureau international de concerts Charles Kiesgen & Théo Ysaÿe pour les concerts donnés en Suisse en mai et juin 1931, les recettes se sont élevées à 36055,05 francs, soit, compte tenu de la valeur du franc à cette date :

Piketty (*op. cit.*, p. 679) indique que le salaire annuel moyen d'un ouvrier français passe de 1 210 à 1 363 francs entre 1906 et 1914.

1. Comptes du Trio Cortot-Thibaud-Casals établis par le Bureau international de concerts (AJT).

À Genève : 9 367,35 francs (environ 5 310 euros)
À Vevey : 8 644,45 francs (environ 4 900 euros)
À Berne : 8 175,60 francs (environ 4 635 euros)
À Bâle : 9 869,65 francs (environ 5 600 euros)

Et, après soustraction des frais, les concerts ont rapporté la somme de 11 441,45 francs, soit 3 800 francs pour chacun (6 500 euros environ)[1].

Comment ne pas admirer la gestion de la manifestation bernoise du lundi 1er juin 1931 où le Trio joue Beethoven *("L'Archiduc")*, Schubert (le *Trio* nº 1) et Haydn (Trio en *sol* majeur), et où l'organisateur, M. Krompholz, propose à ceux qui veulent assister au concert : "Au cas où il y aurait suffisamment de demandes, un service d'automobiles sera organisé entre Interlaken, Spiez, Thoune, Langenthal, Herzogenbuchsee, Avenches, Morat, Fribourg, Bienne et Berne[2]."

Cet "instantané" sur les ressources comptables produites par l'activité du Trio illustre le besoin qu'avaient les trois artistes de compléter leur activité de soliste par l'exercice avantageux de la musique de chambre. Tous trois recherchaient cette communion d'esprit et l'idéal esthétique qui en découlait. Il n'est donc pas surprenant qu'ils aient mis leur génie au service d'œuvres majeures dont nous récapitulons ici le détail :

1. Le salaire annuel moyen d'un ouvrier français est alors de 8 286 francs selon les calculs de Thomas Piketty (*op. cit.*, p. 679).
2. C'est l'affiche du concert qui donne cette savoureuse mention.

Ludwig van Beethoven
Trio nº 1 en *si* bémol majeur opus 1 nº 1
Trio nº 2 en *sol* majeur opus 1 nº 2
Trio nº 3 en *ut* mineur opus 1 nº 3
Trio nº 4 en *si* bémol majeur opus 11
Trio nº 5 en *ré* majeur opus 70 nº 1 *("Trio des Esprits")*
Trio nº 6 en *mi* bémol majeur opus 70 nº 2
Trio nº 7 en *si* bémol majeur opus 97 *("L'Archiduc")*
Allegro en *mi* bémol majeur WoO 39
Quatorze variations sur un thème original en *mi* bémol majeur opus 44
Introduction, thème et dix variations en sol majeur sur le lied *"Ich bin der Schneider Kakadu"*, extrait de l'opéra *Die Schwestern von Prag* de Wenzel Müller, opus 121a
Triple Concerto pour piano, violon, violoncelle et orchestre en *ut* majeur opus 56
Chants écossais opus 108, pour soprano, avec accompagnement de piano, violon et violoncelle

Johannes Brahms
Trio nº 1 en *si* majeur opus 8
Trio nº 2 en *ut* majeur opus 87
Trio nº 3 en *ut* mineur opus 101
Double Concerto pour violon, violoncelle et orchestre en *la* mineur opus 102

Arcangelo Corelli
Sonate en trio (non identifiée)

Antonin Dvořák
Trio nº 4 en *mi* majeur opus 90 *"Dumky"*

Gabriel Fauré
Trio en *ré* mineur opus 120

César Franck
Trio en *fa* dièse mineur opus 1
Quintette en *fa* mineur (incertain)

Joseph Haydn
Trio n° 39 en *sol* majeur Hob. XV.25

Felix Mendelssohn
Trio n° 1 en *ré* mineur opus 49
Trio n° 2 en *ut* mineur opus 66

Emánuel Moór
Triple concerto pour piano, violon, violoncelle et orchestre en *ré* mineur opus 70
Trio en *ut* majeur opus 81

Wolfgang Amadeus Mozart
Trio en *mi* majeur K. 542
Trio en *sol* majeur K. 564

Jean-Philippe Rameau
L'Indiscrète (extrait du *Quatrième concert*)

Maurice Ravel
Trio en *la* mineur

Camille Saint-Saëns
Trio n° 1 en *fa* majeur opus 18
Trio n° 2 en *mi* mineur opus 92

Franz Schubert
Trio nº 1 en *si* bémol majeur D. 898
Trio nº 2 en *mi* bémol majeur D. 929

Robert Schumann
Trio nº 1 en *ré* mineur opus 63
Trio nº 2 en *fa* majeur opus 80
Trio nº 3 en *sol* mineur opus 110

Piotr Ilitch Tchaïkovski
Trio en *la* mineur opus 50 *"À la mémoire d'un grand artiste"*

L'inventaire des concerts du Trio Cortot-Thibaud-Casals fait apparaître que les trois artistes ont bâti leur carrière commune avec moins d'une quarantaine de partitions et qu'ils n'en ont joué régulièrement, lors de leurs tournées, qu'une quinzaine. À ce constat, il y a plusieurs raisons. La première est à rechercher dans le fait que, n'étant pas constitués en ensemble permanent, les trois artistes ne se retrouvaient qu'une fois l'an (en été) pour mettre au point leurs programmes. En second lieu, Cortot, Thibaud et Casals tenaient à limiter leur répertoire à la période romantique, et les quelques incursions qu'ils ont menées dans le domaine contemporain relevaient plus de l'opportunité que d'une véritable intention artistique. Hormis le *Triple Concerto* de Moór, il faut considérer la présence des trios de Saint-Saëns, de Ravel et de Fauré comme l'expression d'un intérêt ponctuel pour des œuvres sur lesquelles pesait sans doute encore une once d'exclusivité en faveur de leurs premiers interprètes. Enfin, rançon légitime de leur entreprise, Cortot, Thibaut et Casals n'ont pas nécessairement souhaité agrandir leur répertoire dans la mesure où les grands chefs-d'œuvre (Haydn, Beethoven et Mendelssohn) leur assuraient d'incomparables triomphes dans des salles de plus en plus grandes et avec un public toujours plus nombreux, à la satisfaction de leurs agents et de leurs banquiers. Et puis il faut évoquer aussi les contingences matérielles de la tournée au Royaume-Uni de 1928 : alors qu'ils viennent d'enregistrer le *Trio n° 1* de Schubert (dont les ventes sont d'emblée triomphales), Cortot, Thibaud et Casals sont obligés de changer dix-huit fois de ville entre le 15 novembre et le 9 décembre, donc de salle de concert et d'acoustique. Un véritable challenge qui imposait un programme unique en ces circonstances !

En consultant les différentes sources renseignant leur répertoire (agendas, annonces et comptes rendus de concerts), il a été possible d'établir la liste avérée des œuvres qu'ils ont jouées[1]. Hormis les trios de Beethoven, avec lesquels ils ont obtenu leurs plus significatifs suffrages, on ne s'explique pas pour quelles raisons les trois artistes ont si peu interprété le *Trio n° 2* de Schubert et ne l'ont jamais enregistré. À l'inverse, comment ne pas admirer leur détermination à faire connaître les trios de Schumann et de Brahms, si peu prisés jusqu'alors du public français ? Au cabinet des curiosités figurent une fois l'exécution du *Trio* de Tchaïkovski, et quatre fois celle du *"Dumky"* de Dvořák. Quant au *Trio* en *fa* dièse opus 1 de César Franck, tout porte à croire qu'Alfred

1. Liste initialement dressée par Jean-Luc Tingaud dans son livre *Cortot-Thibaud-Casals. Un trio, trois solistes*, Paris, Josette Lyon, 2000, et complétée par des informations inédites.

Cortot lui portait une tendresse particulière puisqu'il est donné une dizaine de fois entre 1907 et 1909.

Les disques : un nouveau support au service de la notoriété

C'est un constat incontournable et désolant qui découle de la position "limitative" du Trio : les disques de cette exceptionnelle formation sont trop peu nombreux. On le déplore tout en acceptant que leur rareté en fait aussi la valeur. Car les enregistrements du Trio ne sont qu'une modeste partie émergée de l'importante production phonographique des trois musiciens qui l'ont formé. Il s'agit pour l'essentiel de disques de format 25 ou 30 centimètres (10 et 12 *inches*) tournant à la vitesse moyenne de 78 tours par minute, selon les standards de l'époque. Jusque dans les années 1920, la prise de son "acoustique" s'effectuait à l'aide d'un stylet graveur relié à une membrane située à l'extrémité la plus étroite du pavillon de l'appareil enregistreur. À ce système de gravure sur cire a succédé dans les années 1925 et sur le même modèle le procédé dit "électrique", rendu possible par l'intermédiaire d'un microphone transmettant les impulsions sonores ainsi amplifiées à un burin graveur, la duplication des disques étant obtenue, après galvanoplastie, par pressage sur gomme-laque à partir d'une matrice (mère) métallique.

Le nom d'Alfred Cortot aurait dû apparaître sur l'étiquette centrale de l'un des premiers disques de la cantatrice Felia Litvinne[1] mais, en ces temps

1. Airs et mélodies de Massenet, Fauré, Saint-Saëns, Schumann, Nápravnik et Wagner, Gramophone 33158, enregistrés à Paris le

pionniers de la reproduction sonore, il n'était pas encore d'usage de mentionner le nom du pianiste accompagnateur. C'est Jacques Thibaud[1] qui, le premier, a la faveur de voir son nom apparaître sur des disques. En 1905, la filiale française de la Societa Italiana di Fonotipia publie une série de 80 et de 84 tours (des galettes d'un diamètre un peu supérieur au 30 centimètres 78 tours) sur lesquels figurent l'arrangement de la *Méditation de Thaïs* de Massenet ainsi que celui du *Cygne* de Saint-Saëns, la *Berceuse* de Gabriel Fauré et la *Gavotte* de la *Partita* en *mi* majeur BWV 1006 de Jean-Sébastien Bach. En 1916, il enregistre à Paris une vingtaine de faces pour la Compagnie générale des machines parlantes Pathé frères sous le label Pathéphone. En 1917, 1918 et 1919, toujours chez les frères Pathé, mais cette fois pour leur filiale américaine de New York, il signe quelques titres dont l'*Introduction et rondo capriccioso* de Saint-Saëns, accompagné tantôt par son pianiste, Dominico Savino, tantôt par un orchestre anonyme. Son premier contrat avec l'International Gramophone Company Ltd. intervient en 1922 : pour les quatre disques qu'il grave au studio n° 1 de l'usine de Hayes (Middlesex) et qui paraissent sous la marque His Master's Voice, il est secondé par le pianiste Harold Craxton. L'année suivante, il enregistre, toujours à Hayes, son premier

29 décembre 1902. Sa partenaire, Françoise Jeanne Schütz, dite Felia Litvinne (1860-1936), a participé à ses côtés à la création du *Crépuscule des dieux*.

1. Une discographie de Jacques Thibaud a été établie par Gérald Drieu et publiée en annexe de la biographie de Christian Goubault, *op. cit.*

disque avec Alfred Cortot, la *Sonate* pour violon et piano de César Franck.

À peine arrivé aux États-Unis, Alfred Cortot, de son côté, a signé avec la Duo Art Aeolian Company Ltd. un accord consacrant la réalisation d'une vingtaine de rouleaux pour pianos mécaniques[1]. Dans le même temps, la société américaine Victor Talking Machine, implantée à Camden (New Jersey), lui passe commande de ses premiers disques 78 tours, (*Séguédille* d'Albeniz, *Tarentelle* de Chopin, *Leggerezza* de Liszt), qui sortent en février 1919 et sont par la suite distribués en Europe par The Gramophone Company Ltd. Depuis la fin de la Grande Guerre, Alfred Cortot a repris le chemin de l'Angleterre, où sa notoriété monte en flèche. Son agent, Mitchell, lui a organisé entre le 28 octobre et le 29 novembre 1919 une tournée de seize dates avec deux grands concerts au Queen's Hall de Londres, où il joue à guichets fermés[2]. Il y donne le 8 novembre la création européenne du *Concerto nº 3* de Rachmaninov sous la direction de Henry Wood et, le 20 novembre, la première audition de la *Fantaisie* de Claude Debussy sous la direction d'Albert Coates. L'année suivante, du 22 septembre au 11 décembre 1920, c'est une série de trente-neuf concerts qu'il accomplit en Grande-Bretagne, dont quelques-uns avec Jacques Thibaud. Son récital Schumann du 27 novembre au Wigmore Hall de Londres lui apporte la consécration britannique en même temps que l'admiration et l'amitié

1. Adapté sur des pianos de facture standard, le dispositif Aeolian s'inspire du système pneumatique de l'orgue. Il permet de restituer les nuances par un ingénieux dispositif de soupapes dynamiques.
2. BIF-BG, Agenda de carrière, 1919-1920.

de ses confrères polonais Paul Kochanski et Arthur Rubinstein, ainsi que du compositeur Karol Szymanowski. En 1921, et pour la troisième et ultime année de son contrat avec Mitchell, Cortot se produit vingt-neuf fois au Royaume-Uni (la tournée lui rapporte 78 000 francs, soit environ 80 000 euros). Adulé par les mélomanes anglais, il est en quelque sorte adopté par Fred Gaisberg, le directeur artistique de la Gramophone Company Ltd., avec lequel il signe son premier contrat en 1923 pour l'enregistrement de disques en soliste, mais aussi pour la musique de chambre. Outre la *Sonate* de Franck avec Thibaud, ses premiers enregistrements à l'automne 1923 sont dédiés au *Carnaval* et au *Concerto* de Schumann (avec le chef Landon Ronald et l'Albert Hall Orchestra), ainsi qu'à des pièces de Debussy (*Children's Corner* et *La Cathédrale engloutie*). Cortot restera attaché jusqu'à sa mort à His Master's Voice, le label symbolisé par l'image du fox-terrier Nipper[1] écoutant de l'oreille gauche "la voix de son maître" sortant du pavillon d'un gramophone. Néanmoins, jusqu'à la fin des années 1920, il continue parallèlement de travailler pour Victor Talking Machine aux États-Unis, réalisant notamment en mars 1925 les toutes premières gravures électriques commerciales.

De son côté, Casals signe un contrat avec l'American Gramophone Company (ancêtre de la Columbia Records, où œuvre alors Fred Gaisberg) dès son séjour américain de la Première Guerre mondiale : le 10 janvier 1915, il grave le *Salut d'amour* d'Elgar,

1. Issu d'une huile sur toile du peintre animalier anglais Francis Barraud, ce logotype est devenu l'emblème de la Gramophone Company dès les premières années du XXe siècle.

Ombra mai fu (le célèbre largo extrait du *Xerxès* de Haendel), l'arrangement de la mélodie opus 3 nº 1 d'Anton Rubinstein, et l'*Adagio* du *Concerto* en *ré* mineur de Tartini. De 1915 à 1924, il enregistre de même une quarantaine de morceaux brefs dans les studios new-yorkais de Columbia[1]. Ce n'est qu'en 1926 qu'il réalise ses premiers disques en Europe, dans le cadre du Trio, en signant un contrat qui le lie à La Voix de son maître pour la musique de chambre. Il ne rejoindra comme soliste la filiale espagnole de la société britannique qu'en juin 1929 : il grave à Barcelone quelques "bis" et pièces de virtuosité avec la complicité du pianiste Blas Net. Il obtiendra ses plus grands succès au disque en 1937 avec le *Concerto* pour violoncelle et orchestre de Dvořák et les *Suites* pour violoncelle seul de Jean-Sébastien Bach en 1936, 1938 et 1939.

C'est donc au Royaume-Uni et sous l'impulsion du visionnaire Fred Gaisberg que Cortot, Thibaud et Casals bâtissent leur maigre discographie commune : quatre sessions d'enregistrement seulement jalonnent ces premières années de l'ère électrique.

Les 5 et 6 juillet 1926, le Trio s'enferme au Kingsway Hall[2] de Londres pour enregistrer le *Trio nº 1* de Franz Schubert. Cortot, Thibaud et Casals sont assistés pour ce mémorable moment des ingénieurs stars de la Gramophone Company, Arthur

1. Robert Baldock, *op. cit.*, p. 107-108.
2. Édifié en 1912, le Kingsway Hall, dans le quartier de Holborn, abritait la mission de l'Église méthodiste. Il est devenu dès 1926 un lieu privilégié d'enregistrement à l'acoustique exceptionnelle. EMI y installa en 1926 un dispositif électrique permanent.

Clarke, Robert Beckett et Douglas Larter[1], qui, au terme d'une vingtaine de prises directes, ne retiendront que les neuf gravures nécessaires à la production des matrices puis à la fabrication des 78 tours, après accord des artistes, bien entendu[2]. Dans la foulée, les trois musiciens abordent les *Variations* de Beethoven sur l'air *"Ich bin der Schneider Kakadu"* tiré du *Singspiel* de Wenzel Müller *Die Schwestern von Prag* (opus 121a). Insatisfaits des neuf prises réalisées ce 6 juillet 1926[3], ils ne donneront pas leur aval pour publication, mais la réussite de cette interprétation décidera bien plus tard les responsables artistiques d'EMI Classics à passer outre au rejet des membres du Trio et à publier cet enregistrement, une fois transféré sur bande magnétique et édité sous forme de microsillon, en 1980[4]. Il est étonnant de découvrir que, lors des mêmes séances, les trois compères ont gravé une face du *Trio* en *ut* mineur opus 66 de Mendelssohn[5] et deux faces du premier mouvement du *Trio* opus 70 n° 1 (dit *"Trio des Esprits"*) de Beethoven[6]. Sans doute s'agissait-il d'un essai, dont les traces n'ont jamais pu être retrouvées[7].

L'année suivante, Cortot, Thibaud et Casals sont à nouveau réunis à Londres pour enregistrer les 20

1. Douglas Larter est l'ingénieur qui a procédé à l'enregistrement des cérémonies du couronnement du roi George VI le 2 mai 1937.
2. DB 947/950 (CR 533-1, CR 534-2, CR 535-1, CR 536-1, CR 537-2, CR 538-1, CR 539-1, CR 539-1, CR 540-1).
3. CR 541-1, CR 541-1A, CR 542-1, CR 542-1A, CR 543-1, CR 544-1, CR 544-1A, CR 545-1, CR 545-1A.
4. EMI Références.
5. CR 546-1, inédite.
6. CR 547-1 et CR 547-1A, inédites.
7. Tully Potter, "A Trio of False Stars", *Classical Recordings Quarterly*, n° 70, 2012, p. 8.

et 21 juin (1927) le *Trio* opus 49 de Felix Mendelssohn, une partition qu'ils ont beaucoup jouée et avec laquelle ils ont conquis le cœur de leur public. Là encore, ils travaillent vite, ce qui en dit long sur le "rodage" de leur répertoire : huit prises suffiront à fixer sur quatre disques double face les quelque vingt-neuf minutes de l'œuvre[1]. Profitant des séances du 21 juin, Pablo Casals et Alfred Cortot gravent les sept *Variations*[2] WoO46 de Beethoven sur le duo Pamina-Papageno *"Bei Männern, welche Liebe fühlen"*, extrait du premier acte de *La Flûte enchantée* de Mozart. Auparavant, toujours le 20 juin, ils ont immortalisé le *Trio* en *sol* majeur de Haydn[3] avec son finale "hongrois", également l'une de leurs œuvres préférées.

De retour au Kingsway Hall à l'automne 1928, les trois musiciens entreprennent l'enregistrement du *Trio* opus 97 *("L'Archiduc")* de Beethoven. Cependant, les huit prises du 14 novembre 1928 vont demeurer inédites[4] : est-ce pour des raisons de confort ou d'acoustique ? Ils délaissent ensuite le Kingsway Hall au profit de la petite salle du Queen's Hall[5], situé Langham Place entre Portland Place et Regent Street, dans le quartier de Westminster, un

1. DB 1072/1074 (CR 1385-1, CR 1386-2, CR 1387-1, CR 1389-1, CR 1390-2, CR 1391-3, CR 1392-1, CR 1393-1).
2. DB 915/916 (BR 1394-3A, BR 1395-1, BR 1396-1A, BR 1397-1A).
3. DA 895/896 (BR 1381-1A, BR 1382-2, BR 1383-1, BR 1384-3A).
4. Cc 15003-1, Cc 15003-1A, Cc 15004-1A, Cc 15005-2, Cc 15005-3, Cc 15005-1A, Cc 15005-2A, Cc 15005-3A.
5. Le Queen's Hall a été détruit en 1941 par une bombe incendiaire lors du *London Blitz*. La petite salle se trouvait au sommet de l'édifice.

lieu sans doute plus adapté à la musique de chambre. Là, ils se consacrent au *Trio n° 1* opus 63 de Robert Schumann : sur les vingt-six faces gravées les 15 et 18 novembre, sept seulement servent à l'édition définitive[1]. Et dans la séance du 18 novembre, ils gravent trente-quatre faces pour *"L'Archiduc*[2]*"*. La séance complémentaire du 3 décembre leur permettra de réenregistrer les dernières faces des deux trios. C'est à un véritable marathon que se sont livrés les trois artistes qui, faut-il le rappeler, ont travaillé en direct, sans les possibilités de montage offertes après 1945 par la bande magnétique.

Les trois hommes et Gaisberg se retrouvent une ultime fois à Barcelone les 10 et 11 mai 1929 : Alfred Cortot, à la tête de l'Orquesta Pau Casals, dirige le *Double Concerto* opus 102 de Johannes Brahms avec ses deux amis Thibaud et Casals en solistes (qu'ils ont donné en concert la veille). Avec cette mémorable prestation s'achève la série des disques qui allaient servir la réputation du Trio et favoriser la diffusion de la musique de chambre dans le monde. Cortot et Thibaud allaient poursuivre leur collaboration avec des disques importants comme la *Sonate "À Kreutzer"* de Beethoven, une deuxième version de la *Sonate* de César Franck, et les *Sonates* de Debussy et de Fauré. De son côté, Pablo Casals réalise dans les années 1930 ses premiers vrais disques solistes, notamment avec les *Concertos* de Dvořák et d'Elgar.

1. DB 1209/1212 (Cc 14740-2A, 14741-1, 14742-1A, Cc 14743-1A, 14744-3A, 14756-1, 14758-2A).
2. DB 1223/1227 (Cc 14758-1A, 14760-1, 14761-2A, 14762-2A, 14763-2, Cc 14764-3A, 14765-1A, 14766-2, 14767-2, 14768-5A). COLH 29, puis C051-00857 (références LP).

La plupart des disques du Trio ont fait l'objet de "repiquages" sur disques vinyle 33 tours 30 centimètres aux premiers temps du microsillon, au milieu des années 1950. C'est à l'initiative de Jacques Leiser, un directeur artistique d'EMI alors en poste à Milan, qu'est produite la série des grands enregistrements du passé (d'un passé alors récent) dans la belle collection "Les Gravures illustres" de Pathé-Marconi. Enfermés dans une pochette cartonnée de couleur grise accompagnée d'un livret, les disques sont protégés par une enveloppe blanche solidaire d'une baguette de bois facilitant leur extraction. Publiés d'abord sous la marque Columbia (préfixes COLH : Columbia historiques), ils réapparaîtront sous simples "cartolines" dans la collection "Références" de Pathé-Marconi commencée en 1978 en microsillon, puis, toujours dans la même série, sous forme de disque compact dès 1986. Les enregistrements du Trio, comme tous ceux d'Alfred Cortot, ont fait l'objet d'une publication commémorative en 2012, à l'occasion des cinquante ans de la mort du pianiste, avec de nouveaux reports des 78 tours originaux sur bande numérique[1].

À l'époque des "Gravures illustres", d'habiles techniciens des studios de Pathé avaient réalisé de véritables exploits sonores en réussissant à transférer le son des faces de 78 tours vers la bande magnétique sans en altérer la couleur, et en procédant à de vertigineux montages pour obtenir l'enchaînement des faces d'une même œuvre ou d'un même mouvement. Grâce à eux, les mélomanes qui adulaient le Trio avant la Seconde

1. Alfred Cortot, *Anniversary Edition. Recordings 1919-1959*, EMI Classics 704907 2, 40 CD.

Guerre mondiale pouvaient enfin retrouver leurs héros. Thibaud décédé accidentellement en 1953, et Casals exilé à Prades puis à Porto Rico, il revenait à Alfred Cortot, en raison de ses liens avec la filiale française de la Gramophone Company, de se préoccuper du sort des disques du Trio et de veiller à leur édition en 33 tours. Il s'en ouvrait ainsi dans une lettre datée du 10 août 1956, adressée à Norbert Gamsohn :

J'ai eu le plaisir de voir avec vous la question des "repiquages" en microsillon des records (sic) *avec Thibaud et Casals, des Trios de Haydn, Schubert, Mendelssohn, Schumann, Beethoven, dont la vente en double face avait été l'un des grands succès de l'industrie gramophonique et qui, sous ce nouvel aspect, rencontrerait vraisemblablement le même accueil de la part d'un public qui ne les trouve plus sur le marché dans leur réalisation primitive*[1]…

Les travaux n'avançant pas assez vite à son gré, Cortot s'adresse ensuite à Pierre Bourgeois, le directeur général de Pathé, pour que soit remis sur le marché – entre autres disques – le *Double Concerto* de Brahms dans sa présentation en microsillon :

Mon cher Directeur et Ami,

Je me permets de revenir à la charge concernant le "repiquage" du double concerto de Brahms joué par Thibaud et Casals à Barcelone sous ma direction, et

1. Archives Pathé-Marconi. Norbert Gamsohn, élève de Cortot puis directeur artistique chez Pathé à Paris, a supervisé les enregistrements tardifs du pianiste.

malgré le nombre d'enregistrements de ce chef-d'œuvre mis sur le marché depuis quelques années, par des ensembles peut-être moins homogènes, de même cependant aux yeux de Casals et aux miens, un des meilleurs disques de notre Trio… Excusez mon insistance sur cette question, mais je sais qu'elle répond au désir de Casals et que, par ailleurs, elle eût été appréciée par notre cher Thibaud. Ce sont des techniciens du son qui avaient été spécialement envoyés à Barcelone pour la circonstance[1]…

Ce courrier, quelque peu revendicatif, montre bien le prix que les trois artistes avaient attaché à l'enregistrement de ce double concerto : à la fois parce qu'il associait deux des archets les plus illustres des années 1920 et peut-être aussi parce qu'il confortait la place de Cortot chef d'orchestre. Il témoigne surtout de l'exceptionnelle osmose artistique entre les membres du Trio.

> J'avais récemment, en une séance de trio, cette impression, décidément confirmée, de la signification triste et farouche de l'applaudissement par où nous rentrons dans la vie ordinaire après l'extase musicale. Je regardais Cortot se lever et saluer, svelte et correct, Jacques Thibaud, pâle et fin, s'incliner avec déjà un mouvement esquissé pour disparaître. Quant à Pablo Casals, il n'y a rien à en dire, sinon que, là comme toujours, venant de parler à son violoncelle, il regardait en soi-même et ne savait en quel lieu du monde il était. La musique cessée isolait de nous ces trois jeunes hommes plus

1. Lettre d'Alfred Cortot à Pierre Bourgeois, 28 mars 1960 (Archives Pathé-Marconi).

encore que la surélévation de la scène qui symbolise le passage d'un monde dans l'autre : quel sens pouvaient avoir pour eux, leur tâche faite, l'agitation frénétique de cette vague humaine déferlant à leurs pieds, et l'éclat de toutes ces mains battantes comme pour leur envoyer un adieu, puisque était évanouie la grande brise sonore sans laquelle ce flot fût demeuré inerte ? Il m'apparut bien que si on les faisait revenir, et revenir encore, c'était pour les contraindre à constater qu'ils vivaient au milieu de nous, qu'ils nous appartenaient comme amis, et que nous reprenions sur eux tous nos droits en les forçant d'écouter notre musique de sauvages enthousiastes : mais, en réalité, tandis qu'ils jouaient, ils avaient été tout seuls[1].

Ces impressions de l'écrivain Camille Mauclair restituent assez fidèlement l'attitude des artistes lors de leurs concerts en trio, de même qu'elles fixent certains traits caractéristiques du style de chacun d'entre eux. De Cortot et Thibaud, Casals a dit qu'ils “étaient des artistes au degré superlatif”. Et il ajoutait :

Thibaud jouait du violon avec une élégance incomparable, mais dans beaucoup d'aspects il était l'opposé de Cortot. Il détestait le travail et s'exerçait rarement. Il n'avait pas, dirais-je, le sens des responsabilités. Souvent, il se conduisait comme un enfant, un enfant terrible. Il était merveilleusement gai et spirituel ; c'était le boute-en-train de

1. Camille Mauclair, *La Religion de la musique*, Paris, Librairie Fischbacher, 1907 (éd. définitive 1928).

nos tournées. Il adorait les plaisanteries pratiques et faisait preuve d'une grande imagination dans ce domaine particulier[1].

À propos de Cortot, il précisait de même :

> Cortot fut indubitablement un des plus grands pianistes de notre temps. Il avait une puissance stupéfiante et un élan qui ne connaissait pas de frontières... C'était un travailleur infatigable, à la discipline de fer, tant dans sa tâche de musicien que dans celle d'érudit car il était très ambitieux[2].

Avec le regard acéré et lucide du critique musical qui a alimenté les colonnes du *Monde* pendant près de quarante ans, Jacques Lonchampt apporte sa vision éclairée de ce Trio enchanteur :

> 10 novembre 1984
> En concert, le trio Cortot-Thibaud-Casals n'a donné *"L'Archiduc"* de Beethoven que vingt-deux fois[3], mais combien de milliers de fois dans l'intimité des foyers, depuis ces gravures de 1927-1928 qui ont été constamment rééditées ! Miracle du disque. Les trios de Beethoven, Schubert et Mendelssohn ont été presque "volés" à leurs auteurs, tant ils se sont incarnés dans ces trois personnalités prodigieuses aux tempéraments si différents. Alfred Cortot, le penseur, l'imaginatif, l'enflammé ;

1. Pablo Casals, *op. cit.*, p. 88.
2. *Ibid.*
3. Cette comptabilisation est très en deçà de la réalité : nous avons pour notre part relevé près d'une quarantaine d'interprétations de ce trio.

Jacques Thibaud, l'artiste charmant, mondain, au génie étincelant et désinvolte ; Pablo Casals, le roc, le philosophe, l'homme de la nature.

Ils ont tant vécu ensemble, plaisanté et joué au tennis, fait de la musique pendant des heures pour le seul plaisir, quand ils se rencontraient au lendemain de leurs tournées, qu'ils ont créé une nouvelle entité, une sorte de "trinité" où leurs sensibilités et leurs intelligences, bien loin de se neutraliser, se sont harmonisées et renforcées.

Rien de plus émouvant que de sentir toujours intact, après tant d'années, ce climat d'affection qui se reflète dans le tact, l'équilibre, la douceur des répliques, le mouvement frémissant des phrases qui passent de l'un à l'autre, que l'un à l'autre se confie, avec le souci de fondre les âmes et leurs sonorités, et de trouver des timbres parents, une inspiration commune[1].

1. Jacques Lonchampt, *Journal de musique 1949-1995*, Paris, L'Harmattan, 2001, p. 232.

VIII

LE TRIO CORTOT-THIBAUD-CASALS À TRAVERS LA PRESSE. UNE BRÈVE ÉTUDE DE RÉCEPTION

Lorsque le Trio Cortot-Thibaud-Casals se produit pour la première fois, les trois artistes qui le composent sont déjà au sommet de leur carrière. À près de trente ans, Alfred Cortot connaît la célébrité en tant que pianiste, chef d'orchestre et, bientôt, comme professeur au Conservatoire de Paris. Jacques Thibaud, à peine plus jeune, accumule les succès. Ceux qu'il a glanés aux États-Unis lors de sa tournée de novembre 1903 à janvier 1904 ont une répercussion immédiate en France puisque à l'occasion de concerts parisiens de novembre 1904, Arthur Dandelot peut écrire : "Jamais le merveilleux violoniste n'a paru plus charmeur, plus pur de style[1]..." Quant à Pablo Casals, né en 1876, il a fait ses premières armes à Paris en 1899 et s'est distingué en jouant brillamment le *Concerto* pour violoncelle d'Édouard Lalo sous la direction de Charles Lamoureux. Avant de rejoindre ses deux camarades, il aura eu le temps d'accomplir en Amérique du Nord le marathon que lui a organisé Raymond Duncan[2], et qu'il partage avec son accompagnateur (et ami de

1. Arthur Dandelot, *La Société des Concerts du Conservatoire (1828-1923)*, Paris, Delagrave, 1921, p. 154-155.
2. Le frère de la danseuse Isadora.

Cortot) Léon Moreau[1] et la cantatrice Emma Nevada. C'est donc précédé d'une solide réputation, lui aussi, qu'il complète la formation de ce qui va devenir très vite le célèbre "Trio Cortot-Thibaud-Casals".

Les comptes rendus affluent dès les premières apparitions du Trio, soulignant d'autorité la cohésion du groupe et l'accueil plus que chaleureux que lui réserve le public. Les louanges adressées aux trois musiciens ne sont pas suspectes de complaisance car entre *Le Figaro*, *Le Temps*, *Gil Blas*, *Le Courrier musical* et *Le Ménestrel*, les diverses opinions ont pu s'exprimer en toute liberté. La plupart des critiques encensent "l'art commun" de ces messieurs, mais quelques réticences surgissent çà et là, dont ce commentaire de Pierre Lalo paru dans *Le Temps* :

> À la nouvelle Société philharmonique, MM. Alfred Cortot, Jacques Thibaud et Pablo Casals ont eu l'excellente pensée de faire entendre en trois séances la série complète des trios de Beethoven. Il était permis d'attendre de la réunion de ces trois artistes célèbres une interprétation parfaite. Ce n'est pas tout à fait ce qui est advenu. Sans doute M. Cortot a tenu la partie de piano avec beaucoup d'intelligence, de style et d'énergie, M. Thibaud a exécuté celle du violon avec un charme et une élégance extrêmes, sans doute M. Casals a été comme à l'ordinaire un violoncelliste au son ample et à l'exécution chaleureuse. Mais en fin de compte, il n'y avait pas entre eux unité d'esprit et l'on a pu voir clairement par là qu'un assemblage de virtuoses éminents ne

1. Léon Moreau, pianiste et compositeur français (1870-1946).

constitue pas un ensemble d'interprètes pour la musique de chambre[1].

Pourtant, le chroniqueur de la revue *Musica* ne tarissait pas d'éloges à propos de cette intégrale Beethoven : "L'incomparable Trio Cortot-Thibaud-Casals réussit l'ascension : leurs arts mêlés eurent l'auguste beauté des paroles du Messie qui éclosent sur la montagne[2]."

Si l'on considère que le dithyrambe publié dans *Musica* reflète l'enthousiasme avec lequel les trois concerts Beethoven ont été accueillis, le jugement de Lalo, dans sa sévérité, révèle peut-être bien le manque de répétitions auquel les artistes ont dû faire face, par rapport à leurs occupations respectives. En effet, nous savons par son agenda de carrière que Cortot a été plus qu'absorbé au cours des deux derniers mois de l'année 1907 du fait de sa tournée en France en tant que partenaire du violoniste Jules Boucherit. Il y a d'ailleurs noté qu'"entre les concerts, les cours et les leçons, tous les jours de l'année sont occupés[3]". Jacques Thibaud, de son côté, voyage en Allemagne durant octobre 1907. À Leipzig, avec l'orchestre du Gewandhaus, il joue le *Concerto pour violon* du compositeur hongrois Emánuel Moór imposé par Casals et dont l'étude du *Triple Concerto* avait mobilisé, durant une partie de l'été précédent, l'énergie des trois musiciens. Évoquant l'exécution de ce "concerto pour trio" à Lausanne en mars 1908, Charles Koechlin, en tant que

1. *Le Temps*, 3 décembre 1907, p. 3.
2. *Musica*, décembre 1907.
3. BIF-BG, Agenda de carrière, 1907.

compositeur et critique avisé, explique le pourquoi de leur réputation :

> On connaissait ici l'art génial, la puissance pathétique incomparable, de M. Pablo Casals. On connaissait aussi cette perfection de grâce qui est la qualité maîtresse de M. Jacques Thibaud. On n'ignorait point que M. Alfred Cortot fût compté parmi les meilleurs pianistes français d'aujourd'hui. Ce qu'on ne pouvait prévoir, c'était la qualité de leur ensemble. Or ces trois artistes ne sont point seulement réunis pour jouer en trio, ils se sont obligés à des concessions réciproques, ils se sont soumis aux nécessités de la musique d'ensemble, de telle sorte qu'ils forment le groupe instrumental le plus compact, le plus parfait qui se puisse imaginer. C'est merveille d'entendre une mélodie passer du violoncelle au violon, par exemple, sans que l'on puisse sentir le moment où elle quitte un instrument pour se donner à l'autre. Pureté de son, justesse parfaite et constante, égalité sans défaillance des sonorités, profondeur et justesse de l'expression, ces qualités essentielles de ce trio communiquent à l'œuvre exécutée une éloquence, établissent enfin dans la salle entière une sorte d'harmonie qui font d'une audition quelque chose d'unique et d'infiniment admirable[1].

Avec la multiplication des concerts, le "rodage" du Trio s'est naturellement accompli et les journaux changent quelque peu d'attitude vis-à-vis

1. *La Gazette de Lausanne*, 31 mars 1908 (à propos du concert du vendredi 27 mars).

des “mousquetaires”. Beethoven conserve la tête du classement des compositeurs appréciés, devant Schumann. Félix le Norcy le signale comme une friandise : “La voix de bronze du violoncelle, la voix d’or du violon, la voix de cristal du piano magnifièrent Mendelssohn au-delà de lui-même et chantèrent l’âme tourmentée de Beethoven[1].” En revanche, lorsque le “triumvirat musical” choisit de faire entendre le *Double Concerto* de Johannes Brahms puis le *Triple Concerto* opus 56 de Beethoven, une certaine germanophobie transparaît dans les articles recensant les concerts. Voici ce qu’en dit le critique de *Gil Blas* :

> Il y avait, hier, chez M. Colonne, abondance de concertos : l’un pour violon et violoncelle de Brahms, par MM. Jacques Thibaud et Pablo Casals, l’autre de Beethoven, par les mêmes artistes auxquels s’était adjoint M. Cortot ; et cette juxta-audition de deux œuvres similaires a permis, une fois de plus, de constater combien est grossière l’erreur de ceux qui ont voulu placer Brahms sur le même piédestal que Beethoven et Bach, et en faire les trois génies de la musique symphonique. Brahms, astre secondaire, brillant d’un éclat emprunté aux mélodies populaires hongroises, qu’il a harmonisées et contrepointées, devient sombre et fuligineux, dès qu’il est livré à sa propre imagination. Ses thèmes sont lourds et insignifiants, son orchestre est vulgaire et confus ; c’est une eau épaisse et fade. Jamais Brahms, avec ses formules dénuées de sens, ne fut le successeur de Beethoven ; ses préparations

1. *Le Courrier musical*, 15 juillet-1er août 1926, p. 407.

n'aboutissent pas. Il semble qu'il va commencer et il ne commence jamais ! Il n'en faut pas moins rendre hommage à la scrupuleuse exécution des virtuoses tels que MM. Thibaud, Casals et Cortot, qui ont rempli la presque totalité du programme sans susciter de trop violentes manifestations dans un public ennemi, avec raison, du concerto ; je dois reconnaître, à l'appui de mon sentiment sur Brahms, que le concerto de Beethoven, fait de musique pure, sans aucune de ces ridicules acrobaties dont ce genre de composition est généralement encombré, a été accueilli avec une juste faveur[1].

Amédée Boutarel n'est guère plus tendre dans *Le Ménestrel* :

Pourquoi faut-il qu'un concerto pour violon et violoncelle opus 102 de Brahms se soit imposé ici à l'assistance et l'ait mise dans la situation désagréable de désirer acclamer deux artistes en protestant contre le compositeur dont ils exécutaient la musique ! MM. Jacques Thibaud et Pablo Cazals *(sic)* se sont montrés dans cet ouvrage incomparables de virtuosité bien coordonnée et d'ensemble magistralement ferme et puissant. Lorsque plusieurs interprètes jouant de concert arrivent à laisser croire qu'ils sentent exactement de même et n'ont plus qu'une seule âme musicale, c'est alors qu'ils provoquent l'émotion la plus profonde et la plus pénétrante, leur conviction gagne peu à peu, devient éloquente, irrésistible. On l'a surtout vu lorsque M. Alfred Cortot, s'adjoignant à

1. *Gil Blas*, 17 février 1908, p. 3. Cet article serait-il de Willy ?

> MM. Jacques Thibaud et Pablo Casals, a exécuté avec eux le concerto pour piano, violon et violoncelle opus 56 de Beethoven. La tâche était pour lui particulièrement délicate ; il s'est préoccupé de ne pas laisser éteindre l'éclat de son instrument par la sonorité plus soutenue des deux autres, tout en évitant l'exagération dans l'effet, le déséquilibre ou l'emphase. Rien de plus parfait comme compréhension générale. Quant à l'ouvrage lui-même, il appartient au premier style du maître, et est, dans toutes ses parties, d'une admirable beauté... Dire que les interprètes ont eu du succès serait peu dire ; leur triomphe a été unanime et sans réserve[1]...

Plus nuancé à propos de Brahms, le point de vue d'Amédée Boutarel échappe à la perception épidermique de son confrère de *Gil Blas* : il se montre plus lucide sur la qualité du triple partenariat en acceptant l'idée que Beethoven a offert un cadeau de choix aux musiciens du Trio, mais en faisant néanmoins état de cécité à propos du concerto de Brahms que les trois artistes allaient défendre plus tard avec Alfred Cortot au pupitre.

Après une centaine de concerts à Paris, en France et à l'étranger, le Trio atteint sa vitesse de croisière avec quelques partitions-phares : aux trios de Beethoven et de Schumann, il a bientôt ajouté le *Trio n° 1* de Mendelssohn et s'est définitivement approprié

1. *Le Ménestrel*, 22 février 1908, p. 60. Amédée Boutarel (1855-1924), déclaré "l'invalide du *Ménestrel*" par le critique littéraire et musicologue Joseph-Marc Bailbé (1925-2009), a néanmoins contribué à faire connaître Brahms en France.

le *Trio nº 1* de Schubert qui devient, avec le *Trio nº 39*, de Haydn la pièce maîtresse des programmes. Auguste Mangeot le signale ainsi à ses lecteurs[1] :

> Le Trio Cortot-Thibaud-Casals
> Les puissantes individualités de ces trois grands artistes valent déjà par leur abnégation lorsqu'elles se produisent isolément. Unies, toutes leurs ferveurs se concentrent pour la seule glorification de la musique. Leurs exécutions du trio en *si* bémol majeur de Schubert et de celui *"L'Archiduc"* de Beethoven furent profondément senties et exprimées de la manière la plus simple et la plus noble, avec une pureté de sentiments et une beauté de son qui ont fait la célébrité du "trio". Deux duos remplissaient le milieu du programme, l'un avec Jacques Thibaud dans la *Sonate* en *ut* majeur de Mozart, l'autre avec Pablo Casals dans les *Variations* de Beethoven, Alfred Cortot étant au piano. Les grands artistes eurent le bon goût de laisser ces œuvres dans leur cadre qui est beaucoup moins vaste que celui de la salle Gaveau et de ne pas faire de délicats pastels une fresque panthéonienne. Ils n'en furent pas moins acclamés, principalement le génial Casals et Cortot qui traita son moderne et magnifique Pleyel en piano du temps passé[2].

Tout acquis à la cause des artistes qui, après 1919, participeront à ses côtés à la fondation de l'École

1. *Le Monde musical*, 30 décembre 1911, p. 383.
2. *Ibid.* Auguste Mangeot (1873-1940) est le rédacteur en chef du *Monde musical*, l'organe officiel de l'École normale de musique qu'il a fondée en 1919 avec Alfred Cortot.

normale de musique (dont il sera le directeur administratif), Mangeot n'en résume pas moins l'opinion générale que confirme par ailleurs Georges Pioch, le chroniqueur de *Gil Blas*, au sujet du même concert :

> Lorsque MM. Alfred Cortot, Jacques Thibaud et Pablo Casals se réunissent, c'est une rare solennité dans la musique et beaucoup d'âme dans notre émotion. Ils sont également de grands sensibles et de grands artistes. Ils ont, dès l'abord, le prestige d'une ardente jeunesse, et leur action sur les cœurs est immédiate ; on éprouve bientôt que l'esprit n'en est pas moins délicieusement affecté : et c'est là l'œuvre de la compréhension la plus simple, la plus grave, la plus profonde, – la plus haute aussi. C'est toujours une merveilleuse et exemplaire audience que celle de virtuoses qui, pouvant briller parmi les plus éblouissants, les plus miraculeux, les plus impitoyablement "personnels", ont préféré n'être, au sens le plus noble du mot, que des interprètes et qui se font un devoir, et comme une religion, de leur stricte et enthousiaste subordination aux volontés, à l'idéal des maîtres qu'ils servent. Leur jeu, leur art est ainsi une constante piété. Je ne balance point de dire que le Trio Cortot-Thibaud-Casals est le plus lyrique et le plus parfait trio de pianiste, violoniste et violoncelliste qu'il m'ait été donné d'entendre ; étant le plus "jeune", il fut tout de suite le plus auguste. Il continue, se conquérant chaque fois un peu plus sur sa propre perfection. Les ovations triomphales que leur multiplièrent, avant-hier, des auditeurs noblement exaucés et sincèrement frénétiques ont prouvé à MM. Cortot, Thibaud et Casals, qu'un public digne d'eux leur est fidèle, – et qu'il s'accroît sans cesse. Ils interprétaient le trio en *si* bémol majeur de Schubert,

> la *Sonate* en *ut* majeur pour violon et piano de Mozart, les *Variations* pour violoncelle et piano et le trio *"L'Archiduc"* de Beethoven[1].

Georges Pioch n'entre pas dans les détails de ce qu'il a entendu. Il tente seulement de faire ressentir à ses lecteurs l'intensité de son émotion tout en avouant qu'il s'est laissé séduire tout au long de cette belle soirée jusqu'à en perdre son esprit critique. À travers son discours quelque peu emphatique, on perçoit que, depuis l'article de Pierre Lalo, le Trio a considérablement enrichi son expérience et donné la pleine mesure de son talent collectif.

D'année en année, la personnalité du Trio s'affine aux yeux du public qui voit en Casals l'incarnation de l'artiste *stricto sensu*, tandis que l'aura de Thibaud repose sur ce charme si particulier dont est empreint son jeu, charme irrésistible qui, pour certains, confine parfois à la superficialité. À son piano, Cortot assure la maintenance de l'esprit "musique de chambre", sans jamais chercher à occuper la première place – ce que bien des œuvres lui imposent. Abnégation du pianiste à laquelle va bientôt correspondre l'abnégation du chef, comme le signale cet entrefilet du *Monde artiste* :

> Une foule immense était venue à la salle Gaveau pour applaudir M. Jacques Thibaud qui fut exquis de charme et de mécanisme dans l'admirable concerto de Mozart. Et dans le concerto pour violon et violoncelle de Brahms (œuvre inégale où des beautés de premier

1. *Gil Blas*, 21 décembre 1911, p. 5.

ordre font pardonner le reste), M. Jacques Thibaud partagea son succès avec M. Pablo Casals, admirable virtuose. M. Alfred Cortot dirigeait l'orchestre avec une rare intelligence et une superbe autorité[1].

Malgré le soupçon de "brahmsophobie" ambiante qui pèse encore sur l'œuvre, les trois musiciens recueillent avec le concerto opus 102 des suffrages unanimes pour leur prestation. C'est l'époque où est publiée dans la revue *Musica*[2] une photographie humoristique montrant Casals au piano, Cortot au violon et Thibaud au violoncelle. Cette inversion comique témoigne de l'esprit potache qui animait encore les trois amis, fréquemment réunis pour de joyeuses parties de tennis.

À la réunification du Trio au printemps 1921, Cortot, Thibaud et Casals retrouvent leur public et, pour lui, leur répertoire de prédilection. Force est de remarquer qu'ils se consacrent à la défense de la musique allemande, Beethoven, Schubert, Mendelssohn, Schumann, Brahms, ce qui aurait pu apparaître comme de la provocation en ces temps d'immédiat après-Grande Guerre. Mais la germanophobie ne semble pas avoir affecté la musique puisque Casals et Cortot donnent en cette même période l'intégrale des sonates de Beethoven pour violoncelle et piano[3]. Concession ou envie d'aborder des œuvres nouvelles, à la reprise de son activité, le Trio présente pour la première fois en 1921 le trio que Maurice Ravel a composé en 1914 et qui

1. *Le Monde artiste*, 1er juin 1912.
2. *Musica*, mars 1910.
3. Concerts des 21 et 24 juin 1921 au théâtre Mogador.

avait été créé au début de 1915 par Alfredo Casella, Gabriel Willaume et Louis Feuillard. Rendant compte des concerts de 1922, Émile Vuillermoz exprime son sentiment dans le *Journal des débats* de façon laconique mais chaleureuse :

> Les deux matinées données au théâtre Mogador par le Trio Cortot-Thibaud-Casals ont valu à ces admirables artistes un beau triomphe. Tour à tour furent interprétés avec un art exquis et devant une belle salle comble, malgré la saison avancée, du Beethoven, du Mendelssohn et du Schumann[1].

Il faut attendre 1924 pour que la presse se focalise à nouveau sur les manifestations du Trio et apporte quelques détails sur le jeu des artistes plutôt que de simples annonces. Malgré la disparition de Gabriel Fauré et les hommages qui sont rendus au vieux maître, rares sont les "papiers" qui relatent les concerts commémoratifs. Ni *Le Temps*, ni *Le Figaro* ne s'attardent sur l'intérêt qu'aurait dû susciter l'interprétation du trio de Fauré par le Trio Cortot-Thibaud-Casals[2]. De façon inattendue, c'est le trio de Ravel qui a les honneurs du *Courrier musical* à la suite des concerts du Trio au Palais Garnier les 29 juin et 1er juillet 1926. Félix le Norcy ne ménage pas son lyrisme :

> Chacun d'eux, dans sa dévotion à la musique, sut se fondre et se confondre dans l'Unité d'âme des œuvres qu'ils évoquèrent. Ils furent trois… et un. Et la foule internationale qui se pressait à leurs deux

1. *Journal des débats*, 23 juin 1922, p. 3.
2. Donné au Palais Garnier à Paris, le 20 juin 1925.

concerts réalisa aussi une unité éphémère dans la ferveur musicale et dans l'enthousiasme sans frein qu'elle manifesta. Il est vrai qu'on goûta cette certitude délicieuse que rien ne pouvait arrêter ni troubler une exécution qui devait être parfaite, ni les plus dangereuses techniques, ni les interprétations les plus exigeantes. Libre de toute contingence, leur art commun se déploya, guidé surtout par un goût infaillible, irréprochable et français... Ravel enfin, le Ravel spirituel, gracieux et largement poète du trio connut pour son œuvre admirable une interprétation à la mesure même de son génie. Pour qui a pénétré ce qu'il y a dans ce génie de grandeur, tempérée de tendresse et de fantaisie, l'évocation que les trois artistes en surent faire réalisa un moment d'émotion délicieuse, proche parfois de l'extase et de l'inoubliable[1].

La presse bruxelloise se positionne avec un peu plus d'objectivité, comme en témoigne l'article paru dans *L'Éventail* de juillet 1926 :

> Les Concerts Ysaÿe ont terminé leur saison par deux concerts exceptionnels donnés par le Trio Cortot-Thibaud-Casals. Le célèbre triumvirat musical, un des plus merveilleux ensembles qui soient, ne s'était plus fait entendre à Bruxelles depuis nombre d'années... Le cadre était vaste : la Monnaie, l'Alhambra ! Trop vaste peut-être pour ces œuvres – et pas assez pour contenir la foule d'amateurs et connaisseurs, venus dans la certitude d'assister à une fête d'art absolue.

1. *Le Courrier musical*, 15 juillet-1er août 1926, p. 407.

On ne peut s'imaginer à quel degré de perfection, de fusion complète et intime, d'idéale homogénéité d'exécution et de pensée sont arrivés ces trois admirables virtuoses dont les magnifiques individualités ont su se comprendre et s'unir si intégralement[1]...

Le même journal s'extasie ainsi l'année suivante :

Tels unissons de Casals et Thibaud, par exemple, sont des miracles de beauté, de plénitude et d'unité sonore qui restent inoubliables. De l'un à l'autre instrument, la note reprise ou prolongée coule aussi naturellement que l'eau d'une claire rivière sur une pente douce de pierres polies. Pas de heurts, pas de brisures. Et puis, quand l'ensemble se délie, que chaque voix peut chanter individuellement, quelle impression nouvelle ! C'est le grand son, le large et somptueux phrasé du violoncelle de Casals, la finesse, la légèreté d'archet, le charme ou le brio du violon de Thibaud, la richesse, l'étonnante variété, le velouté ou le perlé du jeu de Cortot qui sait rejoindre toutes les sonorités. Ce que cet artiste complet peut faire d'un trille, d'une pédale par exemple, est quelque chose d'unique : dans Beethoven notamment, il y eut un battement de pédale d'un effet extraordinaire. Et puisque nous en sommes à cette œuvre – *Trio* en *ré* majeur (opus 70 n° 2 *[sic !]*) – qui peut se classer parmi les plus belles du Maître par son Largo surtout, notons la façon merveilleuse, impressionnante dont ce Largo fut posé : tout juste dans cette atmosphère de mystère, d'interrogation qui leur est propre et

1. *L'Éventail*, 11 juillet 1926.

qui s'oppose si vivement au caractère énergique du premier mouvement, à l'emportement du finale. Mais si Beethoven fut admirablement réalisé, il en fut de même pour l'exquis trio en *sol* majeur de Haydn, un absolu chef-d'œuvre, l'Andante notamment et ce Rondo à la hongroise de couleurs et de rythmes si vifs, enlevé par les interprètes avec une véritable fougue de Tziganes. Le trio en *ré* mineur de Mendelssohn qui se plaçait au milieu du programme offre une certaine variété d'expression entre ses quatre mouvements, sans autre chose de remarquable que son scherzo qui est, comme souvent chez ce compositeur, délicieux de vivacité et de légèreté[1].

Avec l'accent mis sur la qualité du jeu de Thibaud, sur l'impressionnante présence de Casals et sur le liant magistral apporté par Cortot à l'équilibre du Trio, le chroniqueur de *L'Éventail* fait vraiment prendre conscience de l'exceptionnelle synthèse à laquelle sont parvenus les trois musiciens. C'est à ce moment de maturité exceptionnelle qu'ont lieu les enregistrements qui fixeront à jamais la trace du célèbre Trio.

L'enregistrement du trio en *si* bémol majeur de Schubert est célébré comme un événement extraordinaire : la première critique paraît dans *The Gramophone* à la sortie du disque, sous la plume de Compton Mackenzie :

> *When the astronomer perceives through his telescope a triple star he knows that he is looking at a supreme*

1. *L'Éventail*, 26 juin 1927.

example of celestial harmony. The musician, on the other hand, when he sees three musical luminaries shining close together confidently predicts a cataclysm ; for the musical star seldom resembles the heavenly one in anything but brightness. It is therefore peculiarly gratifying to find three first magnitude stars such as Thibaud, Casals, and Cortot combining for chamber music with all the orderliness of a sidereal system. I heard them play this trio about a year ago, and it was Schubert that mattered to each of them, not Thibaud, nor Cortot, nor Casals, and the result was a performance I shall never forget. The rendering I have just listened to on these four records was substantially the same[1].

L'éditorial de MacKenzie dans le numéro suivant est tout aussi élogieux :

Casals is, without doubt, the greatest living cellist ; there are many people who consider that Cortot is the greatest living pianist ; and there are few people who would not put Thibaud among the first half-dozen violinists. When three great artists play for the

1. *The Gramophone*, octobre 1926. “Lorsqu'un astronome voit une triple étoile dans son télescope, il sait qu'il regarde un parfait exemple d'harmonie céleste. Le musicien, qui, en revanche, voit briller trois astres musicaux trop près les uns des autres, s'attend à un cataclysme, car les étoiles musicales ne possèdent en rien la luminosité des étoiles célestes. C'est pourquoi il est particulièrement gratifiant de voir trois étoiles de premier plan comme Thibaud, Cortot et Casals s'associer pour faire de la musique de chambre à l'exemple de l'harmonie des sphères. Je les ai entendus jouer ce trio il y a environ un an, et c'était Schubert qui était au cœur de leur lecture, non pas Thibaud, Cortot ou Casals, et il en est résulté une interprétation inoubliable, que l'on retrouve à l'identique sur ces quatre disques.” *(Traduction des auteurs.)*

ensemble rather than for individual effect, the result is as inspiring as the performance on this set of records[1].

Avec quelques années de recul, MacKenzie ajoute même que c'est grâce à cet enregistrement que l'œuvre est devenue célèbre :

The glorious trio in B flat gained its popularity on the gramophone from that remarkable recording of it by His Master's Voice with Casals, Thibaud, and Cortot. "I want that trio played by Casals, Thibaud, and Cortot", was the way most people ordered it from their dealers[2].

Fred Gaisberg, le premier directeur artistique du département classique de la Gramophone Company Ltd. et producteur pour His Master's Voice des enregistrements du Trio, rappelle dans un article de *The Gramophone* que ces enregistrements ont constitué une étape importante dans l'histoire de la musique enregistrée et pour le bénéfice des artistes :

Associated with his two contemporaries and friends, Alfred Cortot and Jacques Thibaud, Casals first recorded

1. *The Gramophone*, novembre 1926. "Casals est sans doute le plus grand violoncelliste vivant, beaucoup considèrent Cortot comme le plus grand pianiste vivant, et peu de gens ne placeraient pas Thibaud parmi les six premiers violonistes. Lorsque trois grands artistes jouent vraiment ensemble et non chacun de leur côté, le résultat est aussi inspiré qu'il l'est sur ces disques." *(Traduction des auteurs.)*
2. *The Gramophone*, mars 1932. "Le glorieux trio en *si* bémol est devenu populaire grâce au disque, par le biais du remarquable enregistrement réalisé pour His Master's Voice par Casals, Thibaud et Cortot. « Je voudrais le trio joué par Cortot, Thibaud et Casals », telle est la demande qu'ont entendue beaucoup de vendeurs de disques." *(Traduction des auteurs.)*

a fine set of trios, including the Beethoven "ArchDuke" *and Schubert B flat. These had a great vogue and paid the artists handsome dividends over many years*[1].

En France, la parution de l'enregistrement en cinq disques 78 tours du *Trio* opus 97 de Beethoven est un événement dans la mesure où, pour la première fois, on peut entendre en entier une œuvre de musique de chambre de cette ampleur. *Le Ménestrel* n'est pas en reste quand il s'agit de critiquer. Mais lorsque Paul Landormy lui consacre un long article, on a enfin affaire à un commentaire approfondi et argumenté, qui repose sur une analyse minutieuse de chaque mouvement :

> Évidemment, lorsque j'écoute ces grands artistes, je suis tellement sous le charme que toutes mes objections s'évanouissent. Mais je me déprends après coup et je crois que je n'ai pas tout à fait tort dans ma façon de considérer les choses. La question vaut la peine d'être examinée et discutée en détail. Il ne s'agit pas d'ailleurs de divergences tellement importantes entre les brillants virtuoses et leur fervent auditeur[2]...

En effet, tout en contestant la relative lenteur du tempo adopté par le Trio dans l'Andante, Paul

1. *The Gramophone*, novembre 1943. "Associé à ses deux amis Alfred Cortot et Jacques Thibaud, Casals a d'abord enregistré une superbe série de trios, incluant « *L'Archiduc* » et le trio en *si* bémol de Schubert. Ces disques ont connu un grand succès et procuré aux artistes de confortables dividendes durant des années." *(Traduction des auteurs.)*
2. *Le Ménestrel*, n° 6, 7 février 1930, p. 57-59.

Landormy ne cache pas son admiration pour l'interprétation individuelle des artistes chacun dans son rôle, et loue "l'impression de bonheur calme, de doux bien-être où l'âme se détend" qui émane de l'Allegro initial, et "la plus ardente, la plus nerveuse fantaisie" qui caractérise le finale joué "à la tzigane".

La revue *The Gramophone*, qui rend compte de l'enregistrement, déplore le prix de la "collection" et adresse quelques reproches au jeu de Cortot (qu'on retrouve dans les critiques de ses enregistrements solistes par la même revue) :

> *Cortot sometimes disappoints on the platform ; his methods of tone-production are a little dangerous. At his best, intellectual insight and subtlety of sympathy carry him to success in working on our emotions without overstepping the mark*[1].

Le succès commercial des disques du Trio ne s'est jamais démenti puisque, depuis les années 1930, ils n'ont jamais quitté les bacs des disquaires, quels qu'aient été les supports sous lesquels ils ont été proposés à la vente : 78 tours, microsillons, musicassettes, disques compacts, etc. Leur avenir, en mode dématérialisé, s'inscrit dans l'actualité des enregistrements historiques encore très recherchés par les mélomanes et les musiciens chambristes qui peuvent y trouver la clé de leurs interrogations en matière d'interprétation. L'historicité de ces disques n'implique pas qu'ils

1. *The Gramophone*, mai 1929. "Cortot est parfois décevant sur scène. Sa maîtrise de la sonorité est parfois incertaine. Lorsqu'il est à son meilleur, sa perception intellectuelle et sa compréhension subtile lui permettent de provoquer l'émotion des auditeurs sans aller trop loin." *(Traduction des auteurs.)*

constituent la référence absolue : ce qui s'est fait hier n'est pas nécessairement mieux que ce que l'on fait aujourd'hui. Mais la richesse et la force du Trio Cortot-Thibaud-Casals se trouvent précisément dans la continuité de la constance interprétative entre le concert et l'enregistrement. À la lecture des critiques et à l'audition des disques, l'approche musicale des trois artistes reste toujours aussi spontanée, traduction évidente du travail intensif mené collectivement en amont.

Confrontés à l'idée d'une certaine "mécanisation" de la musique par l'intermédiaire du gramophone, Alfred Cortot, Jacques Thibaud et Pablo Casals, en pionniers du disque, ont certainement dû se poser la question : "L'enregistrement nous perdra-t-il ou nous multipliera-t-il ?"

La réussite exceptionnelle de leurs disques montre qu'ils avaient fait le meilleur choix possible et, surtout, qu'ils avaient parfaitement anticipé le rôle de ce nouveau média et la manière de le contrôler, non seulement comme véhicule de leurs aspirations musicales mais également comme le moyen bien légitime d'améliorer leurs revenus, juste prix de leur engagement et de leur travail. Malgré la concurrence des gravures ultérieures réalisées par des artistes tout aussi éminents, leurs interprétations étaient marquées par ce caractère d'immédiate profondeur, signe de leur génie individuel, qui survit à l'épreuve du temps et de la séparation.

IX

LE TRIO APRÈS LE TRIO. SÉPARATION, MÉSENTENTES ET RÉCONCILIATION

Fondé sur une communauté de sentiments artistiques autant que sur une communauté d'intérêts, et reposant sur l'amitié davantage que sur des contrats, le Trio n'a jamais été un ensemble formellement constitué. De ce fait, il ne connaît pas de dissolution formelle : la cessation de ses activités ne résulte pas d'une décision brutale, ni même vraiment consciente, mais plutôt d'un essoufflement progressif. Ainsi, lorsqu'ils jouent à Florence en mars 1934, il n'est pas du tout certain que Cortot, Thibaud et Casals réalisent qu'ils donnent là leurs derniers concerts. Certes, aucun autre n'est prévu pour la suite de la saison, ni pour la suivante, mais leur association a déjà connu auparavant des périodes plus ou moins longues de mise en sommeil : entre 1913 et 1921 bien sûr, mais aussi entre juillet 1927 et novembre 1928. En outre, si l'on excepte la grande tournée britannique de l'automne 1928, ils ne donnent jamais plus de dix concerts par saison, leurs tournées sont courtes et peu nombreuses, et ils apparaissent surtout dans les capitales telles que Paris, Londres ou Bruxelles. Ils interrompent donc leurs concerts après mars 1934 sans que personne s'en rende vraiment compte, ni les principaux intéressés, accaparés qu'ils sont par d'autres activités, ni les commentateurs de la vie musicale, accoutumés à la rareté de leurs réunions : on chercherait en vain, dans les journaux de 1934, un article déplorant la séparation du Trio. Davantage qu'une rupture, il s'agit donc d'expliquer pourquoi cette nouvelle suspension d'activité, contrairement aux précédentes, est cette fois définitive. La fin du Trio se joue en réalité en trois actes : dans les années 1930, des raisons artistiques, intimes et politiques se conjuguent pour provoquer une interruption durable des concerts ; cependant, les relations des trois musiciens se dégradent bien davantage durant la Seconde Guerre mondiale, en raison des choix contraires opérés au cours de cette période dramatique ; enfin, le décès brutal de Jacques Thibaud en 1953 ruine définitivement les espoirs de retrouvailles : la réconciliation, à l'heure du grand âge, se fera à deux, et non à trois.

Les raisons d'une interruption durable (1934-1939)

Aucun des trois musiciens n'a vraiment expliqué l'arrêt de leurs concerts communs en 1934. Les souvenirs de Cortot et Casals, en particulier, évoquent la complicité et le plaisir de jouer ensemble, mais pas les dissensions. À partir de quelques allusions qui y sont faites, de traces laissées par la correspondance et des témoignages de tiers, on peut néanmoins distinguer plusieurs motifs, permettant de comprendre pourquoi l'aventure s'arrête à ce moment-là.

Les premières raisons sont de nature artistique. Toujours déterminant sur les plans intime et musical pour les trois musiciens, élément essentiel de la réputation de chacun d'entre eux, le Trio occupe cependant dans leurs carrières respectives une place réduite depuis 1910. Comme nous l'avons vu, les concerts se font de plus en plus rares : un seul en 1929, deux en 1930, cinq en 1932, huit en 1931 (année de la dernière vraie tournée, en Suisse), trois en 1933 et deux en 1934. Cette raréfaction traduit des problèmes déjà évoqués, la surcharge des agendas, un répertoire figé, un Trio quelque peu statufié dans sa gloire, et, peut-être, un plaisir moins spontané qu'autrefois. Sans doute Casals ressent-il cette lassitude lorsque, en 1933, il fait savoir que la perspective de nouveaux enregistrements ne l'intéresse pas[1]. Il n'est toutefois pas le seul à prendre ses distances : ainsi, le duo Thibaud-Cortot ne donne aucun concert en 1934-1935 et 1935-1936.

Longtemps fécond sur le plan musical, le choc des ego engendre aussi des tensions croissantes à partir du début des années 1930 et semble pour la première fois menacer l'amitié. Ainsi, selon Fred Gaisberg, Casals justifie son refus de réaliser de nouveaux disques en trio en affirmant que cela "lui donnerait une étiquette de chambriste et nuirait à son statut de soliste virtuose[2]". L'argument est étrange de la part d'un musicien déjà mondialement célèbre, mais qui, de fait, choisit les années suivantes d'enregistrer plusieurs grands concertos plutôt que de la musique de chambre. Des chamailleries interviennent aussi entre

1. Lettre de Casals à l'agence Ibbs and Tillett, 19 août 1933, citée par R. Baldock, *op. cit.*, p. 136.
2. Frederick W. Gaisberg, "Pau Casals", *The Gramophone*, novembre 1943, p. 7.

Thibaud et Cortot, par exemple lorsque ce dernier souhaite donner un "récital commenté" consacré à la *Sonate* de Franck avec le violoniste : "Je n'aime pas la musique après trop d'analyses, [ni] servir d'exemple sur un sujet conçu et interprété par un autre, même par un Cortot", écrit Thibaud à l'organisatrice du concert ; "les imbroglios Thibaud recommencent", soupire de son côté Cortot[1]. La rencontre du pianiste avec Renée Chaîne, qui intervient au soir du concert donné à Genève le 30 mai 1931, a pu également contribuer au refroidissement. Pour la première fois, la vie amoureuse de l'un des partenaires se mêle à la vie du Trio : Cortot insiste pour que la jeune femme, de vingt-six ans sa cadette, suive la suite de la tournée en Suisse. Bientôt, il se sépare de sa femme Clotilde, épousée en 1903, pour vivre avec sa nouvelle compagne. Dans le conflit sentimental et domestique qui en résulte, il est probable que Thibaud et Casals ont pris le parti de l'épouse délaissée, leur amie depuis plus de trente ans.

"Aujourd'hui, réflexion faite, je pense que la vraie raison est qu'ils n'avaient pas le même point de vue sur la politique", écrivait toutefois Fred Gaisberg en 1943, en se demandant pourquoi il ne parvint pas à réunir de nouveau les trois artistes dans un studio[2]. La politique, et en particulier les engagements nouveaux de Casals, ont en effet joué un rôle important. La proclamation de la République espagnole, en 1931, représente pour lui "l'abou-

1. IMEC, lettres de Thibaud et Cortot à Yvonne Sarcey, 16 et 7 août 1936.
2. Frederick W. Gaisberg, art. cité.

tissement de [son] rêve le plus cher[1]" : en avril de cette année, il dirige la *Neuvième symphonie* de Beethoven à Barcelone pour fêter l'avènement du nouveau régime. Il éprouve en outre un profond respect pour les dirigeants républicains, et surtout pour les chefs de file du nationalisme catalan, qui obtiennent en 1932 la création d'une *Generalitat* (gouvernement) autonome. S'il se défend d'être un homme politique, Casals devient un personnage officiel : il est élu membre de l'Académie espagnole, décoré de la "médaille de l'État catalan", et son nom est donné à une avenue de Barcelone. Il accepte aussi de faire partie d'une instance gouvernementale en charge des questions culturelles. "Bouleversé" par ces événements politiques, prenant à cœur ses nouvelles responsabilités, Casals demeure davantage en Espagne, et délaisse en partie sa carrière internationale ; par conséquent, le temps alloué au Trio se réduit encore.

En outre, son engagement stimule une conscience politique et morale aiguë, qui le conduit à s'élever contre l'avènement de nombreuses dictatures en Europe, notamment celle de Hitler. Dès 1933, il refuse fermement de jouer en Allemagne et cherche à entraîner sur la même voie ses partenaires. Ces derniers hésitent, mais Thibaud se range à son avis, notamment lorsque Furtwängler invite le Trio à jouer à Berlin pour la saison 1933-1934. L'attitude de Cortot est beaucoup plus incertaine. Certes, il ne faut pas se laisser aveugler par ce que l'on sait des engagements ultérieurs du pianiste (durant l'Occupation), car, au début des années 1930, rien dans son comportement ne témoigne d'une sympathie pour

1. Pablo Casals, *op. cit.*, p. 144.

les fascismes. À l'été 1933, il dit n'avoir "pas songé un instant à établir une relation entre le fait de se faire entendre en Allemagne et l'adhésion tacite que son acceptation pourrait sembler sous-entendre aux mesures prises à l'endroit de certains de ses confrères musiciens [c'est-à-dire ceux qui sont juifs] par le gouvernement allemand". Il ajoute cependant que certains amis, dont Casals, l'ont mis en garde à ce sujet. Par conséquent, il annule sa tournée "étant donné la politique allemande concernant les artistes israélites", et "bien qu'il [lui] soit extrêmement désagréable de ne pas faire honneur à sa signature[1]", particulièrement, sans doute, dans le pays de Beethoven et Wagner. Cortot change néanmoins totalement de position l'année suivante : d'une part, l'AFAA lui assure que les échanges artistiques doivent avoir lieu en dehors des questions politiques ; d'autre part, Furtwängler réitère son invitation en affirmant que "c'est [aux] artistes de sauver le royaume de l'art, mais aussi de maintenir ses valeurs éternelles et neutres envers tous les événements éphémères[2]". Cortot se rallie à cette position, qui est à l'opposé de celle de Casals, et donne le 11 novembre (!) 1934 un concert à Berlin, en présence de Goebbels "qui apporte les excuses de Hitler[3]" ; il retourne régulièrement en Allemagne les années suivantes. Dictée par une certaine naïveté politique, par sa germanophilie et par l'ambition d'être un ambassadeur musical de la France, cette volte-face ouvre dans l'amitié

1. MAE, 417QO-512, Allemagne 1932-1935, notes de l'AFAA sur Cortot, 6 et 19 septembre 1933.
2. MMM-AC, lettre de Furtwängler à Cortot, 27 juin 1934.
3. BIF-BG, Agenda de carrière, 1934.

avec Casals une brèche, qui s'élargira bien davantage durant la Seconde Guerre mondiale et qui ne se refermera pas.

Il faut cependant nuancer ce poids des questions politiques dans la séparation du Trio. D'une part, les deux derniers concerts sont donnés dans l'Italie fasciste, ce qui montre que les refus de Casals ne sont pas encore aussi absolus qu'ils le seront plus tard. D'autre part, ces divergences n'entraînent pas la fin de toutes relations entre les partenaires. Cortot vient ainsi jouer à Barcelone (parfois sous la direction de Casals) jusqu'en 1935 : le 27 avril de cette année-là, un déjeuner amical réunit les deux partenaires, en dépit de leurs désaccords politiques. De même, le duo Thibaud-Cortot se renoue en 1936, alors que tous deux accomplissent (séparément) une tournée en URSS : assistant à un concert du violoniste à Moscou, Cortot est reconnu par le public et accepte de monter sur scène pour jouer avec son ami ; la joie de ces retrouvailles les amène à reprendre leurs tournées communes dès la saison suivante. Enfin, l'affection reste vive entre Thibaud et Casals, comme le montre cette lettre écrite en 1939 par le second :

Cher Jacquot,

Une dame me donne une coupure de journal, par laquelle je vois que tu as célébré le quarantième anniversaire de ton début à Paris. Dans l'angoisse et les déchirements, cette coupure me fait penser à notre amitié, à notre jeunesse, à tout ce qui nous attache[1].

1. MMM-JT, lettre de Casals à Thibaud, 24 janvier 1939.

Un tournant décisif est cependant intervenu en 1936 : le déclenchement de la guerre d'Espagne, qui nourrit "l'angoisse et les déchirements" de Casals. Ce dernier engage en effet toute son énergie dans la défense de la République, multipliant les concerts pour lever des fonds, venir en aide aux victimes et alerter les opinions européennes. Lorsque Barcelone est menacée par les troupes de Franco, il est présent pour y donner ses ultimes concerts et lance à la radio un vibrant message appelant le monde à l'aide de la démocratie espagnole (19 octobre 1938). Personnellement menacé par les franquistes, il doit, début 1939, s'exiler à Prades, en Catalogne française ; il s'y efforce de venir en aide aux réfugiés espagnols, internés dans des camps, tout en donnant quelques concerts à Londres et à Paris. Durant cette période qu'il vit comme un "cauchemar ininterrompu[1]", ses deux partenaires ne semblent guère le soutenir dans ses combats, et les circonstances empêchent évidemment le Trio de se reconstituer. Néanmoins, c'est une autre guerre, déclenchée quelques semaines plus tard, qui ruine définitivement les amitiés d'autrefois.

Les membres du Trio durant l'Occupation : choix et destins contraires

Durant la "drôle de guerre" de 1939-1940, les trois artistes reproduisent partiellement le comportement qu'ils avaient adopté lors du conflit précédent, mais avec quelques différences de taille. Ainsi, Casals est

1. R. Baldock, *op. cit.*, p. 158.

de nouveau dans l'exil, mais un exil beaucoup plus incertain et douloureux que son séjour américain de 1914-1918. S'il n'est plus en âge d'être mobilisé, Thibaud voit de son côté ses deux fils partir sous les drapeaux ; en outre, il donne des concerts en faveur d'œuvres patriotiques. Enfin Cortot, comme en 1914, se met au service de l'État en guerre, en fondant un service officiel chargé d'organiser des activités culturelles et des distractions pour les soldats.

Tous trois doivent faire face, à des titres divers, à la tragédie de l'été 1940. Thibaud a la douleur de perdre l'un de ses fils, tué à Sedan le 12 mai ; le second est fait prisonnier. En juin, la rumeur d'une entrée de Franco dans la guerre et d'une invasion de la Catalogne française conduit Casals à vouloir gagner l'Amérique. Avec quelques proches, il voyage dans des conditions éprouvantes jusqu'à Bordeaux, d'où doit partir un bateau ; celui-ci étant torpillé par les Allemands, il faut finalement regagner Prades. Cortot, pour sa part, suit les pouvoirs publics dans leur exode, et se trouve également à Bordeaux lors des funestes journées qui voient la IIIe République vaciller : l'écrivain catalan Joan Alavedra, compagnon d'infortune de Casals, a raconté l'avoir rencontré dans la ville en plein chaos[1]. Pressé par Alavedra d'intervenir en faveur de son ami épuisé par le voyage et l'inquiétude, Cortot aurait alors dit son impuissance à agir, en ajoutant à propos de Casals : "Embrassez-le pour moi et dites-lui que je lui souhaite bonne chance." Tout à ses ambitions (il cherche alors à être nommé à la tête des Beaux-Arts), le pia-

1. Sur cet épisode, voir Joan Alavedra, *Pau Casals*, Barcelone, Aedos, 1962, p. 336, et R. Baldock, *op. cit.*, p. 163.

niste a-t-il sciemment ou non ignoré la présence de Casals à Bordeaux ? Il est aujourd'hui impossible de vérifier la réalité de cet épisode, que contestent les descendants de Cortot.

Quelques jours plus tard, Cortot suit la dernière étape de la débâcle jusqu'à Vichy. Témoin de l'arrivée au pouvoir de Pétain, il prend rapidement fait et cause pour la Révolution nationale, dont il entend décliner les mots d'ordre sur le terrain culturel[1]. Membre du Conseil national et décoré de la francisque, il n'occupe toutefois à Vichy que des fonctions subalternes : chargé de mission au secrétariat général de la Jeunesse, puis des Beaux-Arts, il propose sans grand succès des plans de réorganisation de la vie musicale (et notamment de l'enseignement), reprenant là certaines de ses idées anciennes, mais dans un contexte politique radicalement changé. À l'été 1941, il regagne Paris pour reprendre sa carrière de pianiste. Toutefois, nullement rebuté par la radicalisation et les aspects les plus sombres de l'État français, il maintient et accentue ses engagements. Il se lie en particulier à Abel Bonnard, ministre de l'Éducation du gouvernement Laval et ultra de la Collaboration : ce dernier le nomme à

1. Sur les engagements de Cortot durant l'Occupation, voir Myriam Chimènes, "Alfred Cortot et la politique musicale du gouvernement de Vichy", *in* Myriam Chimènes (dir.), *La Vie musicale sous Vichy*, Bruxelles, Complexe/IHTP-CNRS, collection "Histoire du temps présent", 2001, p. 35-52, et François Anselmini, "« Notre national et international Cortot ». Répertoire et pratique d'un artiste engagé", *in* Myriam Chimènes, Yannick Simon (dir.), *La Musique à Paris sous l'Occupation*, Paris, Fayard-Cité de la Musique, 2013, p. 177-196.

la tête d'un "Comité d'organisation professionnelle de la musique" visant à appliquer au milieu musical les principes d'un corporatisme autoritaire et exclusif. Il est en outre un champion de la Collaboration artistique, puisqu'en 1942, il est le premier musicien français à aller jouer en Allemagne depuis l'armistice. Il est aussi le partenaire régulier d'artistes allemands venus à Paris dans le cadre de manifestations de propagande culturelle. Lié à Arno Breker, Albert Speer ou Otto Abetz, frayant dans les milieux d'un collaborationnisme mondain, habitué de Radio-Paris (antenne contrôlée par l'occupant), il n'exprime cependant jamais de sympathie ouverte pour le nazisme ; en revanche, il dit pratiquer la Collaboration "depuis quarante ans" et déclare au *Pariser Zeitung* que l'Allemagne est sa seconde patrie, celle de ses idéaux culturels[1].

Comme souvent, l'attitude de Thibaud est moins tranchée. Vivement affecté par la mort de son fils, il s'efforce en outre de protéger sa femme, considérée comme juive par la législation vichyste ; après la guerre, il dira aussi avoir refusé une invitation à Berlin[2]. Par contre, il se produit plusieurs fois dans le cadre de manifestations mises sur pied par les Allemands, par exemple un "Grand Festival Mozart" à l'automne 1941, ou sur les ondes de Radio-Paris. Pour ces concerts et pour d'autres, il a régulièrement Cortot pour partenaire ; de plus, il accepte de siéger au sein du Comité d'organisation que préside ce dernier. Néanmoins, il se préoccupe surtout d'organiser avec Marguerite Long (la grande rivale pia-

1. *Pariser Zeitung*, 11 décembre 1942, p. 5.
2. I. Kolodin, art. cité.

nistique de Cortot) le célèbre concours musical qui portera leurs deux noms, et dont la première édition a lieu en 1943.

Pendant ce temps, à Prades, Casals attend des jours meilleurs, en se sentant "à la fois vieux et coupé du monde[1]". Ses souvenirs font état de conditions d'existence précaires, marquées par les privations et les tracasseries de Vichy ou de la Gestapo. Casals raconte aussi avoir été sollicité pour aller, comme Cortot, jouer à Berlin, mais avoir opposé un ferme refus ; de fait, il ne donne aucun concert durant l'Occupation. Bien sûr, il déplore l'attitude de Cortot, qu'il attribue à "une ambition forcenée[2]", et regrette que ses deux partenaires ne prennent de lui aucune nouvelle. Néanmoins, ce qui l'affecte le plus est qu'ils reforment le Trio en le remplaçant par Pierre Fournier, ce qui a aussi valeur de symbole politique[3]. L'attelage Cortot-Thibaud-Fournier se constitue d'abord pour un *Triple concerto* de Beethoven à Radio-Paris (27 décembre 1942). Sous le parrainage de la firme discographique La Voix de son maître, il donne ensuite une intégrale des trios du même compositeur en juin 1943, puis de nouvelles séances en janvier 1944 ; la dernière d'entre elles s'achève par le bien-aimé *Trio n° 1* de Schubert[4]…

1. P. Casals, *op. cit.*, p. 171.
2. *Ibid.*, p. 88.
3. Né en 1908, Fournier a en 1937 succédé à Casals comme professeur à l'École normale. Il est le seul musicien, après Cortot, à jouer en Allemagne durant l'Occupation.
4. *L'Information musicale*, 11 juin 1943, p. 351, et 7 janvier 1944, p. 149.

1945 est une “année zéro” pour les relations au sein du Trio, devenues inexistantes. Interdit de concerts jusqu’au printemps 1946 par les instances d’épuration, Cortot est chahuté l’année suivante par une partie des spectateurs lors de sa rentrée parisienne. Résidant désormais en Suisse, il poursuit cependant sa carrière à un rythme soutenu, en dépit du déclin de ses facultés pianistiques : ses fausses notes sont de plus en plus nombreuses, et l’interprète charismatique n’apparaît plus que par intermittence.

Casals, lui, pense être dans le camp des vainqueurs. Fin 1944, il évoque dans une lettre “le clan qui a perdu la partie” et qui cherche sans succès “à embrouiller les cartes” de “la situation politico-artistique de Paris[1]” : sans doute pense-t-il là, entre autres, à Cortot, qui fait alors part de ses regrets à ceux de ses amis ayant souffert des années noires. Deux tournées en Grande-Bretagne (juin et automne 1945) lui permettent de reprendre sa carrière interrompue depuis 1939, et lui valent d’être ovationné, à la fois pour son jeu et pour son attitude politique et morale ; il en va de même en France quelques mois plus tard. Cependant, alors qu’il espérait que la chute de Franco suivrait de près celle de Hitler, il se rend bientôt compte qu’en ce début de guerre froide, les démocraties occidentales s’accommodent de la dicta-

1. MMM-YL, lettre de Pablo Casals à Yvonne Lefébure, 20 novembre 1944. La pianiste Yvonne Lefébure, élève favorite de Cortot, doit passer l’Occupation dans la clandestinité avec son compagnon Fred Goldbeck, frappé par les lois raciales. Fin 1944, Cortot insiste pour renouer avec elle : le pardon sera finalement accordé.

ture en Espagne. En guise de protestation, il prend la décision radicale de ne plus jouer en public et s'isole de nouveau dans sa retraite pyrénéenne : son silence reste total jusqu'au premier Festival de Prades en 1950. Nul doute que la déception renforce sa colère à l'égard de ceux qu'il juge avoir failli. Ainsi, Yehudi Menuhin décrit l'obsession de Casals d'apparaître à cette époque "comme un symbole d'antifascisme" et, surtout, l'"obstination implacable [de] sa violente haine pour Cortot[1]" ; en effet, les excuses et les offres de réconciliation que lui fait parvenir le pianiste au lendemain de la guerre semblent avoir été repoussées[2], et en tout cas Casals n'a jamais voulu absoudre publiquement son ancien partenaire..

Son ressentiment n'épargne pas Thibaud, qu'il rencontre à Londres en 1945 et dont il attendait qu'il partage ses positions : "Il a seulement fait des excuses et n'a pas dit qu'il s'était trompé", dira Casals à ce propos[3]. Le violoniste, en effet, veut, plus que jamais, se tenir loin de la politique. Fin 1946, il déclare à un journaliste américain qu'il ne veut plus jamais jouer avec Cortot, avec lequel il est pourtant resté lié jusqu'à la fin de l'Occupation. Plus globalement, il juge qu'il "n'a pas été très chanceux avec [ses] partenaires [...] devenus des politiciens" : "Cortot s'est très mal conduit et Casals est devenu un peu fou", ajoute-t-il avec amertume[4].

1. Yehudi Menuhin, *Voyage inachevé*, Paris, Seuil, 1977, p. 235-236.
2. Lettre de Renée Cortot à Casals, 24 mai 1947, citée par R. Baldock, *op. cit.*, p. 136.
3. *Ibid.*, p. 175.
4. Irving Kolodin, art. cité.

Le temps aurait-il permis au Trio de réduire ses fractures et de retrouver la "joie d'amitié et de musique" d'autrefois ? Le destin ne lui en offre pas la chance puisque, le 1er septembre 1953, l'avion qui emmène Thibaud en tournée en Indochine s'écrase sur le mont Cimet, dans les Hautes-Alpes, tuant tous les occupants de l'appareil. La nouvelle de cette "catastrophe stupide et qui s'accorde si peu avec le goût de la vie heureuse [de] Jacques Thibaud[1]" est accueillie avec émotion par ses anciens partenaires : quelques jours après, Cortot s'excuse au micro de Radio-Lausanne que sa "profonde tristesse" l'empêche de dire "tout ce qui vient de disparaître avec lui dans le meilleur de [s]on existence[2]".

Si elle ruine à jamais les chances de réunion du Trio, cette disparition tragique paraît en revanche ouvrir la voie à la réconciliation des deux survivants, qui se sont peut-être revus pour la première fois depuis 1936 lors d'un hommage organisé à Paris par le gouvernement français[3]. À la même époque, plusieurs événements viennent transformer la vie du reclus de Prades : le festival organisé autour de lui depuis 1950 et qui devient un événement international, la rencontre avec la jeune Marta Montañez (qu'il épousera en 1957), la découverte de Porto Rico, pays natal de sa mère et de Marta, où il s'installe en 1956. Ces perspectives heureuses, tout autant que la mort de Thibaud, contribuent probablement à infléchir les positions

1. MMM-AC, lettre de Cortot à Marthe Morange, 2 octobre 1953.
2. ERL, VIII.
3. Une invitation à cet hommage, datée de 1953, figure dans les archives de Casals (ANC 367-T-563).

de Casals : en 1955, il répond enfin aux sollicitations de Cortot et témoigne à nouveau “sa fraternelle affection” à son “cher Fred[1]”. Les vraies retrouvailles interviennent le 11 octobre 1956, date à laquelle l’École normale de musique organise une réception en l’honneur du quatre-vingtième anniversaire de Casals. L’année suivante, la réédition de deux enregistrements du Trio (Haydn et Schubert) conduit les deux octogénaires à se pencher sur leurs souvenirs : chacun rédige un texte ému pour la pochette du disque, évoquant l’un “leur besoin urgent d’être ensemble et de faire de la musique” (Casals), l’autre “trois hommes unis par l’amour de leur art” (Cortot)[2]. Au même moment, une nouvelle lettre de Casals salue le “cher disparu” et la mémoire du Trio “en cette phase crépusculaire de [leurs] existences[3]” ; elle accompagne un geste scellant définitivement la réconciliation : une invitation adressée à Cortot à se produire en duo au prochain Festival de Prades.

Ces retrouvailles sur scène, annoncées pour le 10 juillet 1958, représentent une épreuve pour l’artiste très diminué qu’est désormais Cortot. En effet, il a dû interrompre ses concerts depuis fin 1957 en raison de problèmes de santé de plus en plus lourds. Un mois avant la date prévue, il doit subir en urgence une opération chirurgicale qui compromet la tenue de son “pèlerinage” à Prades. Pourtant, il fait installer un piano dans sa chambre d’hôpital afin de pouvoir répéter le programme

1. MMM-AC, lettre de Casals à Cortot, 4 mars 1955.
2. Cités par *The Gramophone*, octobre 1957, p. 25.
3. Lettre de Casals à Cortot, citée par R. Baldock, *op. cit.*, p. 137.

que Casals et lui ont choisi : deux œuvres de Beethoven, la *Sonate* en *la* opus 69 et les *Variations sur "Bei Männern"* WoO46. Le concert a finalement lieu et, en dépit de la mauvaise acoustique de l'église de Prades, d'un Steinway médiocre, de la fatigue du pianiste, l'émotion est bien présente[1]. Après le premier mouvement de la *Sonate*, Casals se lève pour embrasser Cortot ; soulignant plaisamment que leur duo totalise cent soixante-trois ans, ils s'adressent mutuellement des compliments : "Tu as toujours eu les mouvements justes. C'est à croire que tu as avalé un métronome réglé par Beethoven ! dit Casals, tandis que Cortot constate que "Pablo a toujours cette décision souveraine [...] dans la douceur comme dans la force[2]".

De façon significative, Cortot a décidé que le concert serait son dernier : il décède quatre ans plus tard, le 15 juin 1962, sans être reparu en public. Le dernier rescapé du Trio lui survit plus de onze ans, devenu en son grand âge un symbole d'intégrité morale et artistique fêté dans le monde entier ; il s'éteint le 22 octobre 1973. La rencontre de Prades a bien été celle des adieux, et même davantage selon Cortot : "une offrande musicale, au terme de [leurs] existences entièrement consacrées à la musique[3]". Ainsi, en cette dernière soirée partagée par deux hommes restés malgré tout des frères en musique, et dans le souvenir omniprésent de Thibaud, un

1. L'enregistrement du concert, réalisé par la Radiodiffusion nationale, ne sera pas publié avant 2003 (CD Music & Arts 1113).
2. B. Gavoty, *op. cit.*, p. 162-163.
3. *Ibid.*

miracle a bien eu lieu devant le grand retable de l'église Saint-Pierre, comme l'affirme Cortot :

> Renouer ce soir avec Pablo, c'est renouer avec ma jeunesse, c'est retrouver intacte, me semble-t-il, l'ardeur de nos vingt ans. […] Rien de changé, tout recommence, tout continue[1] !

1. *L'Indépendant*, 12 juillet 1958.

CONCLUSION

LA POSTÉRITÉ DU TRIO CORTOT-THIBAUD-CASALS

À la cessation définitive de son activité en 1934, le Trio Cortot-Thibaud-Casals laisse vacant et désertique le domaine dans lequel il a excellé pendant plus de vingt ans. Deux trios sont alors en mesure de reprendre le flambeau avec succès, le Trio di Trieste, fondé en 1933 par Dario de Rosa, et le Trio Smetana, créé en 1935 à l'initiative de Josef Páleníček. Rebaptisé ultérieurement Trio tchèque et relancé par Jan, le fils du pianiste, ce trio de tradition *Mitteleuropa* s'inscrivait, en s'en revendiquant formellement, dans le sillage de l'illustre trio français. D'autres ensembles maintenaient en outre une activité plus ou moins soutenue : le trio formé par Rudolf Serkin et les frères Busch (Adolf au violon et Hermann au violoncelle) ou le premier "Million Dollar Trio" (Rubinstein, Heifetz, Feuermann) aux États-Unis, le Trio BBN (Benvenuti, Benedetti, Navarra), qui, dans la France des années d'Occupation, affichait de manière explicite l'ambition de combler le vide laissé par la séparation de Cortot, Thibaud et Casals.

Dans les années d'après-guerre, marquées par le progrès décisif que constitue l'invention du microsillon dans l'industrie discographique, plusieurs trios se reforment et se forgent une réputation durable. En 1949,

Arthur Rubinstein et Jasha Heifetz forment un second "Million Dollar Trio" avec Gregor Piatigorsky au violoncelle. Un peu plus tard, le pianiste polonais joue et enregistre en Europe aux côtés de Henryk Szeryng et de Pierre Fournier ; ces deux derniers signent également une célèbre intégrale Beethoven avec le pianiste allemand Wilhelm Kempff. À l'instar de Cortot, Thibaud et Casals avant eux, d'autres grands virtuoses de l'époque choisissent de consacrer une part plus ou moins importante de leur carrière à la musique de chambre en général, et au trio en particulier : c'est par exemple le cas du violoniste Yehudi Menuhin (avec Louis Kentner et Gaspar Cassado, puis avec sa sœur Hephzibah et le violoncelliste Maurice Gendron), ou encore du pianiste Edwin Fischer qui, dans les dernières années de sa carrière, apparaît fréquemment en public aux côtés de Wolfgang Schneiderhan (violon) et Enrico Mainardi (violoncelle). Il en va de même des grands virtuoses russes, que caractérisent l'étendue et la polyvalence de leur répertoire : on peut notamment citer les cas du trio formé par Lev Oborine, David Oïstrakh et Sviatoslav Knouchevitski, et actif de 1943 à 1963, et ou de l'association d'Emil Gilels (piano), Leonid Kogan et Mstislav Rostropovitch ; plus près de nous, Vladimir Ashkenazy a gravé de nombreux disques avec Itzhak Perlman et Lynn Harell, tandis qu'un pianiste tel qu'Evgeny Kissin ne dédaigne pas de paraître de nos jours sur scène en trio, par exemple avec Joshua Bell (violon) et Alexander Kniazev (violoncelle) au Festival de Verbier.

À côté de ces associations plus ou moins épisodiques de solistes de renom, les années 1950 et 1960 sont marquées par la formation de trios plus pérennes. Le célèbre Trio Istomin-Stern-Rose, actif de 1961 à 1984, est très proche dans son esprit de l'association Cortot-Thibaud-Casals, puisque ses membres mènent de front carrière soliste de premier plan et musique de chambre. Mais le trio le plus fameux de par sa longévité, sa cohésion et l'étendue de son répertoire est le fameux Beaux-Arts Trio, formé en 1955 et maintenu par-delà ses changements de membres jusqu'en 2009. Parmi ses fondateurs se trouvaient jusqu'en 1969 au violon Daniel Guillet (ou Guillevitch), élève de Georges Enesco et de Guillaume Rémy au Conservatoire de Paris, et donc dépositaire, comme Thibaud, de l'héritage de l'école franco-belge, mais aussi, au violoncelle (jusqu'en 1987), Bernard Greenhouse, qui avait été l'élève de Pablo Casals à Prades entre 1946 à 1948 : il n'est donc pas interdit de penser qu'une partie de l'esprit du Trio Cortot-Thibaud-Casals survivait au sein de cet autre ensemble d'exception.

Au cours de ce nouvel âge de la musique de chambre, le microsillon a favorisé la découverte d'œuvres peu jouées, négligées ou oubliées, en même temps qu'il a permis à nombre d'interprètes de faire connaître leur talent. Par ailleurs, la prospection de l'infini répertoire des XVIIe et XVIIIe siècles a conduit les musiciens de la génération "baroque" à se chercher une nouvelle technique, des voies originales dans l'interprétation, donc à imposer un nouveau goût et, par là, occuper une place spécifique dans ces répertoires ignorés des générations précédentes.

Les jeunes instrumentistes souhaitant constituer une formation sur le modèle du Trio Cortot-Thibaud-Casals pouvaient-ils s'accommoder encore dans les années 1960 et 1970 de l'engagement délibérément "romantique" de leurs aînés ou devaient-ils suivre les nouveaux courants musicaux ? Pour s'en tenir au cas français, la question s'est posée aux étudiants des classes de musique de chambre créées à ce moment-là au Conservatoire ou à l'École normale de musique de Paris. Sous la conduite de professeurs de talent tels que Jean Hubeau et Geneviève Joy notamment, ils ont pu apprendre ce magnifique métier du "savoir bien jouer ensemble", exercice passionnant dans lequel ils pouvaient aussi se perfectionner lors de fructueuses master classes dispensées durant les académies d'été par des chambristes chevronnés. Rappelons que le Trio Fontanarosa s'est imposé à partir de 1961 comme un modèle de cohésion familiale autour de son violoniste, Patrice, et que des solistes de premier plan tels que Jean-Philippe Collard (piano), Augustin Dumay (violon) et Frédéric Lodéon (violoncelle) se sont associés dans les années 1970 et 1980 pour enregistrer les œuvres de Schubert ou de Fauré. Dans les décennies suivantes, le Trio Wanderer, émule du Quatuor Amadeus et du Beaux-Arts Trio, a acquis une stature et une réputation internationales qui le placent nettement dans la descendance du Trio Cortot-Thibaud-Casals. Enfin, une nouvelle génération de trios semble émerger de nos jours : c'est le cas lorsque les frères Renaud et Gautier Capuçon se réunissent autour du piano de Frank Braley ou de Nicolas Angelich, ou encore avec le prometteur Trio Les Esprits, formé par Adam Laloum, Mi-Sa Yang et Victor Julien-Laferrière. Comme Cortot, Thibaud et Casals en leur temps, ces jeunes et brillants musiciens ne s'interdisent pas de concilier les exigences de leurs carrières individuelles et le plaisir de faire de la musique ensemble, pour le plus grand bonheur de leurs auditeurs.

ANNEXES

SOURCES ET BIBLIOGRAPHIE

Sources

Bibliothèques et centres d'archives

Archives nationales de Catalogne, fonds Pau Casals, ANC 1-367.

Archives du ministère des Affaires étrangères (MAE) :
– Service des œuvres françaises à l'étranger, 417 QO.

Bibliothèque nationale de France (BnF), département de la Musique :
– Fonds Montpensier (archives de l'Association française d'action artistique – AFAA), Dossiers "Trio Cortot-Thibaud-Casals" et "Alfred Cortot" ;
– Lettres de Jacques Thibaud à Gabriel Astruc, NLA 256.

Bibliothèque de l'Institut de France :
– Fonds Bernard Gavoty, Ms 8359 (BIF-BG), Entretiens de Radio-Lausanne, 1953 (ERL), Agenda de carrière d'Alfred Cortot, 1907-1958.

Institut Mémoires de l'édition contemporaine (IMEC) :
– Fonds des Annales politiques et littéraires.

Médiathèque musicale Mahler (MMM) :
– Fonds Alfred Cortot, Correspondance (MMM-AC) ;
– Fonds Jacques Thibaud (MMM-JT) ;
– Fonds Yvonne Lefébure (MMM-YL).

Archives des institutions musicales
Archives de la Frankfurter Museumsgesellschaft.
Archives des Amici della Musica, Florence.
Archives de l'École normale de musique, Paris.
Archives du Palais des Beaux-Arts, Bruxelles.
Archives de la Société Pathé-Marconi, Paris.
Archives du théâtre des Champs-Élysées, Paris.

Collections privées
Archives de la famille Cortot (AAC).
Archives de la famille Thibaud (AJT).
Entretien d'Alfred Cortot avec Maryvonne Kendergi, 1960.

Presse (principaux périodiques consultés)
Classical Recording Quarterly.
Le Courrier musical.
La Epoca.
L'Éventail.
Le Figaro.
Le Gaulois.
La Gazette de Lausanne.
Gil Blas.
The Gramophone.
Le Guide du concert.
L'Information musicale.
L'Intransigeant.
Le Journal de Genève.
Journal des débats.
Le Ménestrel.
Le Monde artiste.
Le Monde musical.
Musica.
The New York Sun.

La Rampe.
Rempart.
La Revue des Deux Mondes.
La Revue française de musique.
The Strad.
Le Temps.
La Vanguardia.

Ouvrages

Alavedra, Joan, *Pau Casals*, Barcelone, Aedos, 1962.

Anselmini, François, "Alfred Cortot et la mobilisation des musiciens français pendant la Première Guerre mondiale", *Vingtième siècle*, nº 118, avril-juin 2013, p. 147-157.

Baldock, Robert, *Pablo Casals*, Londres, Victor Gollancz Ltd, 1992.

Bedu, Jean-Jacques, *Pablo Casals. Un musicien, une conscience*, Paris, Gallimard, coll. "Découvertes", 2012.

Benoist, André, *The Accompanist. An Autobiography of André Benoist*, Neptune City, Paganinia Publications, 1978.

Brendel, Alfred, *Musical Thoughts and Afterthoughts*, Princeton, Princeton University Press, 1976.

Brisson, Élisabeth, *La Musique de Beethoven*, Paris, Fayard, coll. "Les Indispensables de la musique", 2005.

Boucherit, Jules, *Les Secrets du violon*, Paris, Éditions des Cendres, 1993.

Casals, Pablo, *Ma vie racontée à Albert E. Kahn*, Paris, Stock, coll. "Musique", 1970.

Chimènes, Myriam (dir.), *La Vie musicale sous Vichy*, Bruxelles, Complexe/IHTP-CNRS, collection "Histoire du temps présent", 2001.

Chimènes, Myriam, *Mécènes et musiciens. Du salon au concert à Paris sous la III*[e] République, Paris, Fayard, 2004.

Chimènes, Myriam, et Simon, Yannick (dir.), *La Musique à Paris sous l'Occupation*, Paris, Fayard-Cité de la Musique, 2013.

Coline, Constance, *Le Matin vu du soir : de la Belle Époque aux années folles*, Paris, Anthropos, 1980.

Conrad, Doda, *Dodascalies : ma chronique du XX*[e] *siècle*, Arles, Actes Sud, 1997.

Corredor, José Maria, *Conversations avec Pablo Casals. Souvenirs et opinions d'un musicien*, Paris, Albin Michel, 1955.

Dandelot, Arthur, *La Société des Concerts du Conservatoire (1828-1923)*, Paris, Delagrave, 1921.

Dorian, Jean-Pierre, *Un violon parle. Souvenirs de Jacques Thibaud*, Paris, Éditions du Blé qui lève, 1947.

Doumet, Christian, *Grand art avec fausses notes. Alfred Cortot, piano*, Seyssel, Champ Vallon, coll. "Recueil", 2009.

Escudier, Léon et Marie, *Dictionnaire de musique théorique et historique*, Paris, É. Dentu, 1872.

Fifield, Christopher, *Ibbs and Tillett : The Rise and Fall of a Musical Empire*, Farnham, Ashgate, 2005.

Gaisberg, Frederick W., *The Music Goes Round*, New Haven, Ayer, 1977.

Gavoty, Bernard, *Alfred Cortot*, Paris, Buchet-Chastel, coll. "Musique", 1977.

Gosselin, Guy, *La Symphonie dans la cité. Lille au XIX*[e] *siècle*, Paris, Vrin, coll. "Musicologies", 2011.

Goubault, Christian, *Jacques Thibaud (1880-1953), violoniste français*, Paris, Librairie Honoré Champion, 1988.

Gourdin, Henri, *Pablo Casals l'indomptable*, Paris, Les Éditions de Paris-Max Chaleil, 2013.

Greilsammer, Ilan, *Blum*, Paris, Flammarion, coll. "Grandes biographies", 1996.

Janopoulo, Tasso, *Notes et anecdotes*, Paris, Pierre Horay, 1957.

Lonchampt, Jacques, *Journal de musique 1949-1995*, Paris, L'Harmattan, 2001.

Martin-Fugier, Anne, *Les Salons de la IIIe République. Art, littérature, politique*, Paris, Perrin, coll. "Tempus", 2009.

Mauclair, Camille, *La Religion de la musique*, Paris, Fischbascher, 1909.

Menuhin, Yehudi, *Voyage inachevé : autobiographie*, Paris, Seuil, 1977.

Müller, Johannes, *L'associazione "Amici della Musica" e l'origine delle istituzioni musicali fiorentine,* Florence, Edizioni Cadmo, 2003.

Piketty, Thomas, *Les Hauts Revenus en France au XXe siècle : inégalités et redistribution, 1901-1998*, Paris, Grasset, 2001.

Potter, Tully, "A Trinity of Greatness", *Classical Recordings Quarterly*, 69, été 2012, p. 18-25.

Saint-Marceaux, Marguerite de, *Journal 1894-1927*, édité sous la direction de Myriam Chimènes, Paris, Fayard, 2007.

Streletski, Gérard (dir.), *Le Trio avec piano. Histoire, langages et perspectives*, Lyon, Symétrie, 2005.

Tingaud, Jean-Luc, *Cortot-Thibaud-Casals. Un trio, trois solistes*, Paris, Josette Lyon, 2000.

Tournès, Ludovic, *Du phonographe au MP3. Une histoire de la musique enregistrée, XIXe-XXIe siècle*, Paris, Autrement, coll. "Mémoires", 2008.

Vignal, Marc, *Joseph Haydn*, Paris, Fayard, 1988.

Ysaÿe, Antoine, *Eugène Ysaÿe. Sa vie, son œuvre, son influence*, Paris, Les Deux Sirènes, 1947.

LES ENREGISTREMENTS DU TRIO CORTOT-THIBAUD-CASALS

Ludwig van Beethoven (1770-1827) :

– *Trio n° 7* en *si* bémol majeur, opus 97, *"L'Archiduc"*. Enregistré à Londres, Studio C, Queen's Hall, 19 novembre et 3 décembre 1928.

– *Dix variations* en *sol* majeur sur le lied *"Ich bin der Schneider Kakadu"* opus 121a, extrait de l'opéra de Wenzel Müller *Die Schwestern von Prag*. Enregistré à Londres, Kingsway Hall, 6 juillet 1926.

Johannes Brahms (1833-1897) :

– *Double concerto* pour violon, violoncelle et orchestre en *la* mineur, opus 102. Orquestra Pau Casals, dir. Alfred Cortot. Enregistré à Barcelone, 10 et 11 mai 1929.

Joseph Haydn (1732-1809) :

– *Trio n° 39* en *sol* majeur, Hob. XV.25. Enregistré à Londres, Kingsway Hall, 20 juin 1927.

Felix Mendelssohn (1809-1847) :

– *Trio n° 1* en *ré* mineur, opus 49. Enregistré à Londres, Large Queen's Hall, 20 et 21 juin 1927.

Franz Schubert (1797-1828) :

– *Trio n° 1* en *si* bémol majeur, D. 898. Enregistré à Londres, Kingsway Hall, 5 et 6 juillet 1926.

Robert Schumann (1810-1856) :

– *Trio n° 1* en *ré* mineur opus 63. Enregistré à Londres, Small Queen's Hall, 15 et 18 novembre, 3 décembre 1928.

LISTE CHRONOLOGIQUE DES CONCERTS DU TRIO, 1906-1913

Date	Lieu	Programme	Œuvre(s) et partenaire(s) additionnel(s)	Remarques
25 mai 1906	Paris (salle Pleyel)	*Trio nº 11* en *ré* mineur opus 63 (Schumann)	*Carnaval* opus 9, Études *symphoniques* opus 13, *Scènes d'enfant* opus 15 (Schumann)	S'inscrit dans le cadre d'un "récital romantique" de Cortot
18 décembre 1906	Paris (salle des Agriculteurs)	*Trio nº 1* en *si* bémol D. 898 (Schubert), *Trio nº 3* en *ut* mineur opus 101 (Brahms), *Trio* en *fa* dièse mineur opus 1 nº 1 (Franck)		Organisé par la Société philharmonique de Paris
Février 1907	Bruxelles	*Trio nº 3* en *ut* mineur opus 101 (Brahms), *Trio* en *fa* dièse mineur opus 1 nº 1 (Franck), *Trio nº 39* en *sol* Hob. XV.25 (Haydn)		Organisé par le Cercle artistique, s'accompagne d'une conférence sur l'histoire du trio à cordes
"	"			
"	"			
	Anvers	*Trio* nº 39 en *sol* Hob. XV.25 (Haydn), *Trio nº 1* en *ré* mineur opus 63 (Schumann), *Trio* en *fa* dièse mineur opus 1 nº 1 (Franck)		Organisé par les "Nouveaux concerts"
Avril 1907	Lille	*Trio* nº 39 en *sol* Hob. XV.25 (Haydn), *Trio nº 1* en *ré* mineur opus 63 (Schumann), *Trio* en *fa* dièse mineur opus 1 nº 1 (Franck)	*Sonate* pour violon, *Suite* pour violoncelle (J. S. Bach), *Concerto pour orgue* arr. pour piano (W. F. Bach)	Tournée organisée par Paul Boquel

Date	Lieu	Programme	Œuvre(s) et partenaire(s) additionnel(s)	Remarques
"	Angers	"	"	"
"	Tours	"	"	"
"	Bordeaux	"	"	"
"	Marseille	"	"	"
6 mai 1907	Lyon (salle Bellecour)	"		"
Mai 1907	Nantes	"	"	"
"	Rouen	"	"	"
"	Le Havre	"	"	"
Début juin 1907	Paris (salon de James de Kerjégu)	*Trio n° 1* en *ré* mineur opus 49 (Mendelssohn), *Trio n° 39* en *sol* Hob. XV.25 (Haydn), *Trio n° 1* en *fa* opus 18 (Saint-Saëns)	Airs d'opéra (Puccini et Verdi), *Lieder* (Schubert) ; Selma Kurz (soprano)	Soirée privée organisée par le député J. de Kerjégu
6 juin 1907	Paris (salle des Agriculteurs)	"Trios classiques" : *Trio n° 39* en *sol* Hob. XV.25 (Haydn), *Trio* en *mi* majeur K. 542 (Mozart), *Trio n° 7* en *si* bémol opus 97 *"L'Archiduc"* (Beethoven)		Organisé par la Société musicale de G. Astruc
10 juin 1907	"	"Trios romantiques" : *Trio n° 1* en *si* bémol D. 898 (Schubert), *Trio n° 1* en *ré* mineur opus 63 (Schumann), *Trio n° 1* en *ré* mineur opus 49 (Mendelssohn)		"

14 juin 1907	"	"Trios modernes" : *Trio nº 3* en *ut* mineur opus 101 (Brahms), *Trio* en *fa* dièse mineur opus 1 nº 1 (Franck), *Trio nº 1* en *fa* opus 18 (Saint-Saëns)		"
5 novembre 1907	Paris (salle Gaveau)	*Trio nº 1* en *mi* bémol opus 1 nº 1, *Variations* en *mi* bémol opus 44, *Trio nº 5* en *ré* opus 70 nº 1 (Beethoven)		Société philharmonique de Paris
8 novembre 1907	"	*Trio nº 2* en *sol* opus 1 nº 2, *Trio nº 4* en *si* bémol opus 11, *Variations* en *sol* opus 121a *"Ich bin der Schneider Kakadu"*, *Trio nº 6* en *mi* bémol opus 70 nº 2 (Beethoven)		"
12 novembre 1907	"	*Trio nº 3* en *ut* mineur opus 1 nº 3, *Trio* en *mi* bémol opus 63, *Trio nº 7* en *si* bémol opus 97 *"L'Archiduc"* (Beethoven)		"
28 novembre 1907	Montreux	*Triple concerto* en *ré* mineur opus 70 (Moór)	Orchestre de la Suisse romande, Ernest Ansermet	Création de l'œuvre
16 février 1908	Paris (théâtre du Châtelet)	*Double concerto* en *la* mineur opus 102 (Brahms), *Triple concerto* en *ut* opus 56 (Beethoven)	Prélude de *Fervaal* (d'Indy), Prélude acte III de *Lohengrin* (Wagner) ; Édouard Colonne et son orchestre	Organisé par les Concerts-Colonne
24 février 1908	Rouen			

Date	Lieu	Programme	Œuvre(s) et partenaire(s) additionnel(s)	Remarques
25 février 1908	Rouen, salon Chanoine-Davranche	*Trio n° 7* en *si* bémol opus 97 *"L'Archiduc"* (Beethoven)	Lina Pacary, R. Chanoine-Davranche	Concert privé
28 février 1908	Paris (salle Gaveau)	*Triple concerto* en *ré* mineur opus 70 (Moór)	*Symphonie n° 3* (Brahms), *Concerto pour violoncelle* (Dvořák) ; Guilhermina Suggia (violoncelle), Louis Hasselmans (dir.), Orchestre Lamoureux	
7 mars 1908	Bruxelles (salle Patria)	*Triple concerto* en *ut* opus 56 (Beethoven), *Double concerto* en *la* mineur opus 102 (Brahms)	Eugène Ysaÿe et son orchestre	Organisé par les Concerts-Ysaÿe
8 mars 1908	"	"	"	"
11 mars 1908	Anvers			
18 mars 1908	Mulhouse			
20 mars 1908	Bologne			
21 mars 1908	Bologne			
22 mars 1908	Milan	*Trio n° 39* en *sol* Hob. XV.25 (Haydn), *Trio n° 1* en *ré* mineur opus 63 (Schumann)	*Sonate n° 3* en *la* pour piano et violoncelle opus 69 (Beethoven)	Organisé par la Società del Quartetto au Conservatoire G. Verdi

24 mars 1908	Milan	*Trio nº 1* en *si* bémol D. 898 (Schubert), *Trio nº 7* en *si* bémol opus 97 *"L'Archiduc"* (Beethoven)	*Sonate* pour piano et violon (Franck)	"
26 mars 1908	La Chaux-de-Fonds (ou Neuchâtel)			
27 mars 1908	Lausanne	*Triple concerto* en *ut* opus 56 (Beethoven), *Triple concerto* en *ré* mineur opus 70 (Moór),	*Ouverture Coriolan* (Beethoven), *Ouverture académique* (Brahms) ; Alexandre Birnbaum (dir.), Orchestre symphonique de Lausanne	
28 mars 1908	Genève, salle de la Réformation	"	*Ouverture "Léonore"* (Beethoven), *Ouverture académique* (Brahms) ; Alexandre Birnbaum, Orchestre symphonique de Lausanne	
30 mars 1908	Vevey			
Avril 1908	Le Mans	*Trio nº 7* en *si* bémol opus 97 *"L'Archiduc"* (Beethoven), *Trio nº 1* en *ré* mineur opus 49 (Mendelssohn)	*Sonate* pour piano et violon (Franck), *Sonate nº 3* en *la* pour piano et violoncelle opus 69 (Beethoven)	Tournée organisée par Paul Boquel
"	Le Havre	"	"	"

Date	Lieu	Programme	Œuvre(s) et partenaire(s) additionnel(s)	Remarques
"	Nancy	"	"	"
"	Reims	"	"	"
10 avril 1908	Lyon, hôtel de la Chanson	"	"	"
Avril 1908	Dijon	"	"	"
"	Marseille	"		"
21 avril 1908	Madrid			
23 avril 1908	"			
25 avril 1908	"			
Mai 1908	Lille			Suite de la tournée Boquel
"	Bordeaux			"
13 mai 1908	Paris (salle des Agriculteurs)	*Sonate en trio* (Corelli), *Trio nº 3* en *ut* mineur opus 101 (Brahms), *Variations* en *sol* opus 121a *"Ich bin der Schneider Kakadu"* (Beethoven), *Trio nº 2* en *mi* mineur opus 92 (Saint-Saëns)		Le trio de Lalo a un temps été programmé à la place de celui de Saint-Saëns. Organisé par la Société musicale de G. Astruc
16 mai 1908	"	Intégrale des trois *Trios* (Schumann)		

19 mai 1908	"	*Pièces en concerts, "L'Indiscrète"* (Rameau), *Trio nº 2* en *sol* opus 1 nº 2 (Beethoven), *Trio nº 2* en *ut* mineur opus 66 (Mendelssohn), *Trio nº 4* en *mi* mineur opus 90 *"Dumky"* (Dvořák)		
11 janvier 1909	Anvers			
12 janvier 1909	Bruxelles	*Trio nº 1* en *mi* bémol opus 1 nº 1, *Variations* en *mi* bémol opus 44, *Trio nº 5* en *ré* opus 70 nº 1 (Beethoven)		Organisé par le Cercle artistique
13 janvier 1909	"	*Trio nº 2* en *sol* opus 1 nº 2, *Trio nº 4* en *si* bémol opus 11, *Variations* en *sol* opus 121a *"Ich bin der Schneider Kakadu"*, *Trio nº 6* en *mi* bémol opus 70 nº 2 (Beethoven)		"
14 janvier 1909	"	*Trio nº 3* en *ut* mineur opus 1 nº 3, *Trio* en *mi* bémol opus 63, *Trio* en *si* bémol nº 7 opus 97 *"L'Archiduc"* (Beethoven)		"
17 janvier 1909	Bruxelles (salle Patria)	*Triple concerto* en *ut* opus 56 (Beethoven), *Double concerto* en *la* mineur opus 102 (Brahms)	Concerto pour orgue transcrit pour piano (W. F. Bach), *Psyché* (Franck), *Les Murmures de la forêt*, Ouverture du *Vaisseau fantôme* (Wagner) ; Eugène Ysaÿe et son orchestre.	Concerts-Ysaÿe
10 mars 1909	Liège			

Date	Lieu	Programme	Œuvre(s) et partenaire(s) additionnel(s)	Remarques
11 mars 1909	Bruxelles (salle Patria)	*Trio nº 39* en *sol* Hob. XV.25 (Haydn), *Trio nº 1* en *ré* mineur opus 63 (Schumann), *Trio nº 6* en *mi* bémol opus 70 nº 2 (Beethoven)		
12 mars 1909	Francfort (petite salle du Muséum)	*Trio nº 39* en *sol* Hob. XV.25 (Haydn), *Trio nº 1* en *ré* mineur opus 63 (Schumann), *Trio* en *fa* dièse mineur opus 1 nº 1 (Franck)		Organisé par la Société du Muséum
Avril 1909	Nice			
13 avril 1909	Séville			
14 avril 1909	Madrid	*Sonate en trio* (Corelli), *Trio nº 1* en *si* bémol D. 898 (Schubert), *Trio* en *fa* dièse mineur opus 1 nº 1 (Franck)		
16 avril 1909	Madrid	Intégrale des trois *Trios* (Schumann)		
20 avril 1909	Madrid	*Pièces en concerts, "L'Indiscrète"* (Rameau), *Trio nº 2* en *sol* opus 1 nº 2 (Beethoven), *Trio nº 2* en *ut* mineur opus 66 (Mendelssohn), *Trio nº 4* en *mi* mineur opus 90 *"Dumky"* (Dvořák)		
21 avril 1909	Oviedo			
22 avril 1909	Oviedo			
24 avril 1909	Gijón			
25 avril 1909	Gijón			

Fin avril 1909	La Corogne			
Fin avril 1909	Bayonne			
Mai 1909	Marseille	*Trio n° 1* en *si* bémol D. 898 (Schubert), *Trio n° 6* en *mi* bémol opus 70 n° 2 (Beethoven)	*Sonate n° 9* pour piano et violon en *la* opus 47 "À Kreutzer", *Sonate pour violoncelle et piano* en *la* mineur (Grieg)	Tournée organisée par Paul Boquel
"	Lyon (salle Rameau)	"		"
"	Le Havre	*Trio n° 6* en *mi* bémol opus 70 n° 2 (Beethoven), *Trio n° 1* en *ré* mineur opus 49 (Mendelssohn)	*Sonate* pour piano et violon (Franck), *Sonate n° 3* en *la* opus 69 (Beethoven)	"
"	Nantes	"	"	"
"	Angers	"	"	"
"	Lille	"	"	"
"	Nancy	"	"	"
"	Mulhouse	"	"	"
14 mai 1909	Paris (salle des Agriculteurs)	Intégrale des trois *Trios* (Schumann)		Organisé par A. Dandelot, nouveau représentant du Trio
18 mai 1909		*Trio n° 6* en *mi* bémol opus 70 n° 2, *Variations* en *sol* opus 121a *"Ich bin der Schneider Kakadu"*, *Trio n° 7* en *si* bémol opus 97 *"L'Archiduc"* (Beethoven)		"

Date	Lieu	Programme	Œuvre(s) et partenaire(s) additionnel(s)	Remarques
15 juin 1909	Paris (salle Pleyel)	*Trio* en *ut* majeur opus 81 (Moór)	*Suite pour quatre violoncelles, Dix esquisses pour piano, Sonate pour piano et violoncelle* (Moór) ; André Hekking, André Salmon, Diran Alexanian (violoncelles), Maurice Dumesnil, E. Moór (piano)	Festival Moór organisé par Gustave Lyon. Création du *Trio* de Moór
5 mars 1910	Gand			
7 mars 1910	Bruxelles (salle Patria)	Intégrale des trois *Trios* (Schumann)		Organisé par les Concerts-Ysaÿe
8 mars 1910	Paris (salle Gaveau)	Intégrale des trois *Trios* (Schumann)		Société philharmonique de Paris
9 mars 1910	Liège	*Triple concerto* en *ut* opus 56 (Beethoven), *Double concerto* en *la* mineur opus 102 (Brahms)		Salle des Fêtes du Conservatoire
11 mars 1910	Francfort (petite salle du Muséum)	*Trio n° 1* en *si* bémol D. 898 (Schubert), *Trio n° 4* en *mi* mineur opus 90 *"Dumky"* (Dvořák), *Trio n° 6* en *mi* bémol opus 70 n° 2 (Beethoven)		Société du Muséum
14 mars 1910	Neuchâtel	*Trio n° 1* en *si* bémol D. 898 (Schubert), *Trio n° 3* en *sol* mineur opus 110 (Schumann), *Trio n° 6* en *mi* bémol opus 70 n° 2 (Beethoven)		
6 avril 1910	Nice			

8 avril 1910	Nice	*Trio n° 39* en *sol* Hob. XV.25 (Haydn), *Trio n° 3* en *sol* mineur opus 110 (Schumann)	*Sonate pour piano et violoncelle* (Mendelssohn), *Sonate pour piano et violon* (Beethoven)	
13 avril 1910	Le Mans	"	"	Tournée Paul Boquel
15 avril 1910	Lille	"	"	"
17 avril 1910	Marseille	"		"
19 avril 1910	Lyon (salle Rameau)	"	*Sonate pour piano et violoncelle* (Mendelssohn), *Sonate pour piano et violon* (Witkowski)	"
20 avril 1910	Grenoble	"	*Sonate pour piano et violoncelle* (Mendelssohn), *Sonate pour piano et violon* (Beethoven)	"
21 avril 1910	Dijon	"		"
25 avril 1910	Le Havre	"		"
28 avril 1910	Mulhouse	"		"
29 avril 1910	Strasbourg	"		"
30 avril 1910	Belfort	"		"
24 mai 1910	Paris (salle des Agriculteurs)	*Trio n° 39* en *sol* Hob. XV.25 (Haydn), *Trio n° 5* en *ré* opus 70 n° 1, *Variations* en *mi* bémol opus 44 (Beethoven), *Trio n° 1* en *si* bémol D. 898 (Schubert)		

Date	**Lieu**	**Programme**	**Œuvre(s) et partenaire(s) additionnel(s)**	**Remarques**
27 mai 1910	"	*Trio nº 3* en *sol* mineur opus 110 (Schumann), *Trio nº 2* en *ut* opus 87 (Brahms), *Trio* en *sol* K. 564 (Mozart), *Chants écossais* opus 108 (Beethoven)	Povla Frijsh (soprano)	
31 mai 1910	"	*Trio nº 2* en *mi* bémol D. 929 (Schubert), *Trio nº 2* en *fa* opus 80 (Schumann), *Trio* nº 6 en *mi* bémol opus 70 nº 2 (Beethoven)		
Été 1910	Scheveningen			
"	"			
4 novembre 1910	Francfort (petite salle du Muséum)	*Trio nº 2* en *ut* opus 87 (Brahms), *Trio nº 3* en *sol* mineur opus 110 (Schumann), *Trio nº 5* en *ré* opus 70 nº 1 (Beethoven)		Organisé par la Société du Muséum
Fin 1910	Mulhouse			
21 avril 1911	La Haye			S'inscrit dans un vaste cycle Beethoven
19 mai 1911	Paris (salle Gaveau)	*Trio nº 39* en *sol* Hob. XV.25 (Haydn), *Trio nº 6* en *mi* bémol opus 70 nº 2 (Beethoven), *Trio nº 3* en *sol* mineur opus 110 (Schumann)		Organisé par la Société philharmonique de Paris
23 octobre 1911	Francfort (grande salle du Muséum)	*Trio* en *mi* majeur K. 542 (Mozart), *Trio nº 7* en *si* bémol opus 97 *"L'Archiduc"* (Beethoven), *Trio nº 1* en *fa* opus 18 (Saint-Saëns)		Organisé par la Société du Muséum

19 décembre 1911	Paris (salle Gaveau)	*Trio nº 1* en *si* bémol D. 898 (Schubert), *Trio nº 7* en *si* bémol opus 97 *"L'Archiduc"* (Beethoven)	*Sonate* pour piano et violon en *ut* majeur (Mozart), *Variations* en *fa* pour piano et violoncelle opus 66 (Beethoven)	Organisé par la Société philharmonique de Paris
10 mai 1912	Paris (salle Gaveau)	*Double concerto* en *la* mineur opus 102 (Brahms)	*Concerto* pour violon en *mi* bémol (attribué à Mozart), *Fantaisie écossaise* (Bruch) ; Orch. Hasselmans	Louis Hasselmans devait à l'origine diriger le concert, Cortot le remplace pour Brahms
24 mai 1912	Paris (salle Gaveau)	*Trio nº 5* en *ré* opus 70 nº 1, *Trio nº 6* en *mi* bémol opus 70 nº 2, *Trio nº 7* en *si* bémol opus 97 *"L'Archiduc"* (Beethoven)		Organisé par le Cercle musical de Paris
31 mai 1912	"	Intégrale des trois *Trios* (Schumann)		"
28 janvier 1913	Paris (salle Gaveau)	*Trio nº 3* en *ut* mineur opus 1 nº 3 (Beethoven), *Trio nº 39* en *sol* Hob. XV.25 (Haydn)	*Sonate* pour piano et violon en *do* (Lekeu)	Organisé par la Société philharmonique de Paris
12 mars 1913	"	*Trio nº 3* en *sol* mineur opus 110 (Schumann), *Trio nº 1* en *ré* mineur opus 49 (Mendelssohn)	*Sonate nº 5* pour piano et violoncelle en *ré* opus 102 nº 2 (Beethoven)	"
28 octobre 1913	Paris (salle Gaveau)	*Trio nº 1* en *si* opus 8 (Brahms), *Trio nº 5* en *ré* opus 70 nº 1 (Beethoven), *Trio nº 1* en *fa* opus 18 (Saint-Saëns)		"
7 novembre 1913	Francfort (grande salle du Muséum)	*Trio nº 1* en *si* opus 8 (Brahms), *Trio nº 5* en *ré* opus 70 nº 1 (Beethoven), *Trio* en *la* mineur opus 50 *"À la mémoire d'un grand artiste"* (Tchaïkovski)		Organisé par la Société du Muséum

LISTE CHRONOLOGIQUE DES CONCERTS DU TRIO, 1921-1934

Date	Lieu	Programme	Œuvre(s) et partenaire(s) additionnel(s)	Remarques
30 juin 1921	Paris (théâtre Mogador)	*Trio nº 6* en *mi* bémol opus 70 nº 2 (Beethoven), *Trio* en *la* mineur (Ravel), *Trio nº 3* en *sol* mineur opus 110 (Schumann)		
7 juin 1922	Barcelone, Palau de la Música	*Trio nº 1* en *si* bémol D. 898 (Schubert), *Trio nº 3* en *ut* mineur opus 101 (Brahms)	*Sonate nº 9* pour piano et violon en *la* opus 47 (Beethoven)	
9 juin 1922	"	*Trio nº 6* en *mi* bémol opus 70 nº 2 (Beethoven), *Trio nº 3* en *sol* mineur opus 110 (Schumann)	*Sonate nº 2* pour violoncelle et piano en *mi* mineur opus 99 (Brahms)	
1er juillet 1922	Paris (théâtre Mogador)	*Trio nº 1* en *si* bémol D. 898 (Schubert), *Trio nº 5* en *ré* opus 70 nº 1 (Beethoven), *Trio nº 3* en *sol* mineur opus 110 (Schumann)		
3 juillet 1922	"	*Trio nº 1* en *ré* mineur opus 49 (Mendelssohn), *Trio nº 6* en *mi* bémol opus 70 nº 2 (Beethoven), *Trio nº 1* en *ré* mineur opus 63 (Schumann)		
21 juin 1923	Paris (École normale de musique)	*Trio* en *ré* mineur opus 120 (Fauré)		Répétition publique en présence de G. Fauré
27 juin 1923	Paris (théâtre des Champs-Élysées)	*Trio nº 3* en *ut* mineur opus 101 (Brahms), *Trio* en *la* mineur (Ravel), *Trio nº 7* en *si* bémol opus 97 *"L'Archiduc"* (Beethoven)		

Date	Lieu	Programme	Œuvre(s) et partenaire(s) additionnel(s)	Remarques
29 juin 1923	"	*Trio* en *fa* dièse mineur opus 1 n° 1 (Franck), *Trio* en *ré* mineur opus 120 (Fauré), *Trio n° 3* en *sol* mineur opus 110 (Schumann)		
24 mai 1924	Paris (théâtre des Champs-Élysées)	*Double concerto* en *la* mineur opus 102 (Brahms)	*Ouverture Coriolan* (Beethoven), *Symphonie inachevée* (Schubert), *La Vie brève* (Falla), *Gigues* (Debussy), *Sardane* (Casals) ; Orquestra Casals	Dans le cadre de la Grande Saison d'art de la VIIIe Olympiade
21 juin 1924	Paris (théâtre Mogador)	*Trio n° 1* en *si* bémol D. 898 (Schubert), *Trio n° 2* en *ut* mineur opus 66 (Mendelssohn), *Trio n° 7* en *si* bémol opus 97 *"L'Archiduc"* (Beethoven)		
24 juin 1924	"	*Variations* en *mi* bémol opus 44 (Beethoven), *Trio* en *fa* dièse mineur opus 1 n° 1 (Franck), *Trio n° 39* en *sol* Hob. XV.25 (Haydn), *Trio* en *la* mineur (Ravel)		
26 juin 1924	"	Intégrale des trois *Trios* (Schumann)		
20 juin 1925	Paris (Opéra Garnier)	*Trio n° 7* en *si* bémol opus 97 *"L'Archiduc"* (Beethoven), *Trio* en *ré* mineur opus 120 (Fauré), *Trio n° 3* en *sol* mineur opus 110 (Schumann)		Le Trio décide de se produire à l'Opéra à l'imitation de Fritz Kreisler, qui y donne des récitals en novembre 1924

25 juin 1925	"	*Trio nº 1* en *ré* mineur opus 49 (Mendelssohn), *Trio nº 1* en *si* bémol D. 898 (Schubert), *Trio nº 5* en *ré* opus 70 nº 1 (Beethoven)		"
18 novembre 1925	Birmingham	*Trio nº 1* en *si* bémol D. 898 (Schubert), *Trio nº 7* en *si* bémol opus 97 *"L'Archiduc"* (Beethoven), *Trio nº 1* en *ré* mineur opus 63 (Schumann)		Tournée organisée par les Max Mossel Concerts
20 novembre 1925	Bradford	"		
21 novembre 1925	Liverpool	"		
22 novembre 1925	Londres (Palladium)	"	*Marche funèbre* (Chopin)	Cortot joue la *Marche funèbre* à l'occasion de la mort de la reine mère
26 novembre 1925	Glasgow (Town Hall)	"		
28 novembre 1925	Édimbourg (Usher Hall)	"		
29 juin 1926	Paris (Opéra Garnier)	*Trio nº 6* en *mi* bémol opus 70 nº 2 (Beethoven), *Trio nº 1* en *ré* mineur opus 63 (Schumann), *Trio nº 2* en *ut* mineur opus 66 (Mendelssohn)		
1er juillet 1926	"	*Trio nº 3* en *sol* mineur opus 110 (Schumann), *Trio* en *la* mineur (Ravel), *Trio* en *fa* dièse mineur opus 1 nº 1 (Franck)		

Date	Lieu	Programme	Œuvre(s) et partenaire(s) additionnel(s)	Remarques
5 juillet 1926	Bruxelles (théâtre de la Monnaie)	*Trio nº 7* en *si* bémol opus 97 *"L'Archiduc"* (Beethoven), *Trio nº 3* en *sol* mineur opus 110 (Schumann), *Trio nº 1* en *si* bémol D. 898 (Schubert)		En présence de la princesse Marie-José
6 juillet 1926	Bruxelles (théâtre de l'Alhambra)	*Trio nº 6* en *mi* bémol opus 70 nº 2 (Beethoven), *Trio nº 1* en *ré* mineur opus 63 (Schumann), *Trio nº* 2 en *ut* mineur opus 66 (Mendelssohn)		
9 avril 1927	Lausanne	*Trio nº 7* en *si* bémol opus 97 *"L'Archiduc"* (Beethoven), *Trio nº 1* en *ré* mineur opus 63 (Schumann), *Trio nº 1* en *si* bémol D. 898 (Schubert)		Tournée organisée par Henry Giovanna
10 avril 1927	Vevey (Casino du Rivage)	"		Organisé par la Société des arts
11 avril 1927	Genève (Victoria Hall)	"		
17 avril 1927	Barcelone (Palau de la Música)	*Trio nº 3* en *ut* mineur opus 1 nº 3, *Trio nº 5* en *ré* opus 70 nº 1, *Trio nº 7* en *si* bémol opus 97 *"L'Archiduc"* (Beethoven)		Célébration du centenaire de la mort de Beethoven
19 avril 1927	Barcelone (Palau de la Música)	*Triple concerto* en *ut* opus 56 (Beethoven)	*Symphonie nº 1*, *Symphonie nº 3* (Beethoven) ; E. Ysaÿe, Orquestra Casals	Dans le cadre du centenaire Beethoven

19 juin 1927	Londres (Palladium)	*Trio n° 39* en *sol* Hob. XV.25 (Haydn), *Trio n° 6* en *mi* bémol opus 70 n° 2 (Beethoven), *Trio n° 1* en *ré* mineur opus 49 (Mendelssohn)		Organisé par Ibbs and Tillett
25 juin 1927	Bruxelles (théâtre de la Monnaie)	"		Dans le cadre des Concerts-Ysaÿe. En présence de la reine Élisabeth et de la princesse Marie-José
28 juin 1927	Paris (Opéra Garnier)	*Trio n° 5* en *ré* opus 70 n° 1, *Trio n° 7* en *si* bémol opus 97 *"L'Archiduc"*, *Triple concerto* en *ut* opus 56 (Beethoven)	Orchestre de l'ENM, Diran Alexanian	Centenaire de la mort de Beethoven
30 juin 1927	"	*Trio n° 39* en *sol* Hob. XV.25 (Haydn), *Trio n° 1* en *si* bémol D. 898 (Schubert), *Trio n° 2* en *fa* opus 80 (Schumann)		
1er juillet 1927	Bruxelles			Existence incertaine de ce concert
15 novembre 1928	Grande-Bretagne	*Trio n° 1* en *si* bémol D. 898 (Schubert), *Trio n° 39* en *sol* Hob. XV.25 (Haydn), *Trio n° 1* en *ré* mineur opus 49 (Mendelssohn)		Tournée organisée par Lionel Powell pour son 50e anniversaire.
Après le 15 novembre 1928	Cambridge	"		"
"	Birmingham	"		"

Date	Lieu	Programme	Œuvre(s) et partenaire(s) additionnel(s)	Remarques
"	Brighton	"		"
"		"		"
"		"		"
"		"		"
"	Belfast	"		"
"	Dublin	"		"
26 novembre 1928	Dundee (Caird Hall)	"		"
28 novembre 1928	Glasgow (Town Hall)	"		"
Fin novembre ou début décembre 1928	Édimbourg	"		"
"	Stirling	"		"
"	Manchester	"		"
"	Oxford	"		"
"	Norwich	"		"

"		"		"
6 décembre 1928	Bristol (Colston Hall)	"		"
9 décembre 1928	Londres (Albert Hall)	*Trio nº 7* en *si* bémol opus 97 *"L'Archiduc"* (Beethoven), *Trio nº 1* en *ré* mineur opus 63 (Schumann), *Trio nº* 4 en *mi* mineur opus 90 *"Dumky"* (Dvořák)		"
12 décembre 1928	Paris (salle Pleyel)	*Trio nº 1* en *si* bémol D. 898 (Schubert), *Trio nº 39* en *sol* Hob. XV.25 (Haydn), *Trio nº 1* en *ré* mineur opus 63 (Schumann)		
9 mai 1929	Barcelone (Palau de la Música)	*Trio nº 1* en *si* bémol D. 898 (Schubert), *Double concerto* en *la* mineur opus 102 (Brahms)	*Sardana* (Casals) ; Orquestra Pau Casals	
9 mars 1930	Londres (Albert Hall)	*Trio nº 6* en *mi* bémol opus 70 nº 2 (Beethoven), *Trio* en *la* mineur (Ravel), *Trio nº 2* en *ut* mineur opus 66 (Mendelssohn)		Organisé par Ibbs and Tillett
17 mars 1930	Paris (salle Pleyel)	*Trio nº 6* en *mi* bémol opus 70 nº 2 (Beethoven), *Trio* en *la* mineur (Ravel), *Trio nº 3* en *sol* mineur opus 110 (Schumann)		
13 mars 1931	Zurich (Tonhalle)	*Trio nº 1* en *ré* mineur opus 49 (Mendelssohn), *Trio nº 39* en *sol* Hob. XV.25 (Haydn), *Trio nº 1* en *si* bémol D. 898 (Schubert)		Tournée organisée par Henry Giovanna, interrompue par la mort de la mère de Casals

Date	Lieu	Programme	Œuvre(s) et partenaire(s) additionnel(s)	Remarques
30 mai 1931	Genève (Victoria Hall)	"		
31 mai 1931	Vevey (Casino du Rivage)	"		
1er juin 1931	Berne (grande salle du Casino)	*Trio nº 39* en *sol* Hob. XV.25 (Haydn), *Trio nº 1* en *si* bémol D. 898 (Schubert), *Trio nº 7* en *si* bémol opus 97 *"L'Archiduc"* (Beethoven)		
2 juin 1931	Bâle	"		
Mai ou juin 1931	Liège			Organisé par l'Œuvre des artistes
3 juin 1931	Bruxelles (Palais des Beaux-Arts)	*Trio nº 1* en *si* bémol D. 898 (Schubert), *Trio nº 1* en *ré* mineur opus 63 (Schumann), *Trio nº 1* en *fa* opus 18 (Saint-Saëns)		Dans le cadre des Concerts-Ysaÿe ; Ysaÿe est mort moins d'un mois auparavant
4 juin 1931	Paris (salle Pleyel)	"		
5 juin 1931	Paris (École normale de musique)	*Triple concerto* en *ut* opus 56 (Beethoven), *Double concerto* en *la* mineur opus 102 (Brahms)	*Sonate* pour violon et piano, *Sonate* pour violoncelle et piano (Debussy) ; Diran Alexanian, Orchestre de l'ENM	17e concert privé de l'ENM

21 mai 1932	Bruxelles (Palais des Beaux-Arts)	*Triple concerto* en *ut* opus 56 (Beethoven)	*Sardana* (Casals) ; Orch. symph. de Bruxelles, Désiré Defauw	Au bénéfice du monument Ysaÿe
22 mai 1932	"	"	*Exil* (Ysaÿe) ; Orch. symph. de Bruxelles, Désiré Defauw	*Idem*. En présence du roi Albert et de la reine Élisabeth
23 mai 1932	Paris (salle Pleyel)	*Trio nº 1* en *mi* bémol opus 1 nº 1, *Variations* en *mi* bémol opus 44, *Trio nº 5* en *ré* opus 70 nº 1 (Beethoven)		
25 mai 1932	"	*Trio nº 2* en *sol* opus 1 nº 2, *Trio nº 4* en *si* bémol opus 11, *Variations* en *sol* opus 121a *"Ich bin der Schneider Kakadu"*, *Trio nº 6* en *mi* bémol opus 70 nº 2 (Beethoven)		
27 mai 1932	"	*Trio nº 3* en *ut* mineur opus 1 nº 3, *Trio* en *mi* bémol opus 63, *Trio nº 7* en *si* bémol opus 97 *"L'Archiduc"* (Beethoven)		
9 mai 1933	Paris (salle Pleyel)	*Trio nº 3* en *ut* mineur opus 101 (Brahms)	*Sonate nº 2* pour piano et violon en *la* opus 100, *Sonate nº 1* pour piano et violoncelle en *fa* opus 38 (Brahms)	À l'occasion du centenaire de la naissance de Brahms

Date	Lieu	Programme	Œuvre(s) et partenaire(s) additionnel(s)	Remarques
11 mai 1933	"	*Double concerto* en *la* mineur opus 102 (Brahms)	*Concerto n° 1* pour piano en *ré* mineur opus 15, *Concerto* pour violon en *ré* opus 77 (Brahms) ; Orch. symph. de Paris	Thibaud dirige *le Concerto* pour piano, Cortot dirige le *Double concerto,* Casals dirige le *Concerto* pour violon
13 mai 1933	Strasbourg (Palais des Fêtes)	*Trio n° 1* en *si* bémol D. 898 (Schubert), *Trio n° 39* en *sol* Hob. XV.25 (Haydn), *Trio n° 7* en *si* bémol opus 97 *"L'Archiduc"* (Beethoven)		
27 mars 1934	Villa *Il Leccio,* Fiesole	*Trio n° 39* en *sol* Hob. XV.25 (Haydn), *Trio n° 1* en *ré* mineur opus 49 (Mendelssohn)		Concert privé pour la famille Passigli
28 mars 1934	Florence, Salla Bianca du Palazzo Pitti	*Trio n° 1* en *si* bémol D. 898 (Schubert), *Trio n° 1* en *ré* mineur opus 63 (Schumann), *Trio n° 7* en *si* bémol opus 97 *"L'Archiduc"* (Beethoven)		Organisé par les Amici della Musica

REMERCIEMENTS

L'idée de consacrer un ouvrage au Trio Cortot-Thibaud-Casals revient à Éric Denut qui, fin 2012, alors qu'il était directeur de collection chez Actes Sud, nous a fait l'honneur de nous confier ce projet. Si celui-ci a plus tard connu quelques modifications, nous n'oublions pas l'importance de cette impulsion initiale, ni celui à qui nous la devons.

De même, nous avons à chaque étape pu compter sur le soutien vigilant des Éditions Actes Sud, et avons apprécié à sa juste mesure la disponibilité et l'efficacité de notre interlocutrice principale, Marie-Amélie Le Roy, que nous remercions chaleureusement.

Notre reconnaissance s'adresse également aux héritiers et ayants droit d'Alfred Cortot, Jacques Thibaud et Pablo Casals, qui ont accueilli avec sympathie notre entreprise, notamment M. Jean Cortot. M. Nicolas Vaude, arrière-petit-fils de Jacques Thibaud et fin mélomane lui-même, nous a quant à lui apporté un concours enthousiaste, et a mis à notre disposition de nombreux documents. Nous avons grand plaisir à lui témoigner ici notre gratitude.

Au cours de nos recherches, nous avons trouvé d'excellentes conditions de travail dans les différents établissements que nous avons été amenés à fréquenter et nous avons pu bénéficier de la compétence de leurs personnels. Nous remercions donc vivement Mmes et MM. les conservateurs, archivistes et bibliothécaires du département de la Musique de la Bibliothèque nationale de France, de la Bibliothèque de l'Institut (notamment Mme Fabienne Queyroux), de la Médiathèque musicale Gustav-Mahler (en particulier M. Alain Galliari et Mme Sonia Popoff) et des Archives nationales de Catalogne.

Retrouver la trace de concerts donnés il y a plusieurs décennies à travers une bonne partie de l'Europe n'est pas souvent chose aisée. La richesse des sites Internet de certains journaux ou de certaines institutions musicales nous a cependant grandement facilité la tâche (par exemple celui de la Société du Muséum de Francfort), mais nous avons surtout bénéficié de l'aide aussi désintéressée qu'efficace de certains confrères et amis : Cécile Quesney a sondé pour nous les arcanes des archives de la vie musicale bruxelloise ; Mme Katiuscia Manetta, archiviste des Amici della Musica de Florence, nous a retrouvé le dernier programme donné par Cortot, Thibaud et Casals en 1934. En ce qui concerne les importantes activités du Trio en Grande-Bretagne, notre très cher ami M. John Guthrie Luke nous a transmis les documents en sa possession, tandis que Tully Potter nous a aimablement confié le résultat de ses recherches. Nous adressons donc nos plus sincères remerciements à chacun.

Les musiciens du Trio Wanderer, Vincent Coq, Jean-Marc Phillips-Vajarbédian et Raphaël Pidoux, ont très rapidement donné une réponse favorable à notre demande de préface. Nous sommes fiers et reconnaissants de voir apparaître au seuil de notre livre le nom d'un des plus éminents ensembles de musique de chambre d'aujourd'hui.

Enfin, Julie et Dominique ont relu d'un œil exercé nos chapitres au fur et à mesure de leur avancée et nous ont aidés à traquer coquilles et approximations. Pour cela, comme pour le reste, cet ouvrage leur doit beaucoup.

TABLE

OUVRAGE RÉALISÉ
PAR L'ATELIER GRAPHIQUE ACTES SUD
REPRODUIT ET ACHEVÉ D'IMPRIMER
EN SEPTEMBRE 2014
PAR NORMANDIE ROTO IMPRESSION S.A.S.
À LONRAI
POUR LE COMPTE DES ÉDITIONS
ACTES SUD
LE MÉJAN
PLACE NINA-BERBEROVA
13200 ARLES

DÉPÔT LÉGAL
1re ÉDITION : OCTOBRE 2014

N° impr. : 1403518

(Imprimé en France)